S0-EGO-676

REFLEJOS

An Intermediate Reader for Communication

PATRICIA BOYLAN
University of Illinois

MARTY KNORRE
University of Cincinnati

JOHN LETT, JR.
University of Illinois

WILLIAM F. RATLIFF
Marquette University

ARISTOBULO PARDO
The Ohio State University

HOLT, RINEHART AND WINSTON
New York, San Francisco, Toronto, London

Acknowledgements for reading selections appear at the end of each reading.

PHOTO CREDITS

Spanish Tourist Office: 8; Monkmeyer: 15, 194 (Sybil Shelton), 30 (Gisele Freund), 33 (Steiner), 36 (Rogers), 72 (Michael Kogan), 53, 54 (Mimi Forsyth), 201 (Mulcahy), 202 (Bayer); EPA: 19 (Laima Druskis), 39 (Jan Lukas), 53 (Robert Rapelye), 60 (Marion Bernstein), 69 (Roberto Borea), 115 (Tower Newsphoto), 116 (Mark Chester), 190; DPI: 21, 92 (Richard Collins), 26 (Chris Reeberg), 42 (Gerard Oppenheimer), 48 (Henry Monroe), 50 (Maxwell Coplan), 57 (Syd Greenberg), 63 (Trone Associates), 81 (Sigrid Owen), 114, 132 (Robert W. Young), 148 (Family Weekly), 184 (Suva), 196, 198 (Joel Gordon), 197 (Harold Halma); Margarita Clarke: 44, 91, 94; Ediciones Sicilia, Zaragoza: 58; Jerry Frank: 59, 66, 71, 136, 140, 143; UPI: 68, 104, 110, 118, 121, 122, 128, 170, 171; Rapho/Photo Researchers: 86 (Bernard P. Wolff); HRW: 95 (François Vikar), 135, 156 (Helena Kolda)

Library of Congress Cataloging in Publication Data

Main entry under title:
Reflejos.

   1. Spanish language—Readers.   I. Boylan,
Patricia.
PC4117.R36   468'.6'421   78–21908
ISBN 0–03–020701–0

Copyright © 1979 by Holt, Rinehart and Winston
Printed in the United States of America
9 0 1 2 3   039   9 8 7 6 5 4 3 2

CONTENTS

PREFACE

Reflejos: An Intermediate Reader for Communication is designed to develop reading and communication skills at the intermediate level in both colleges and high schools. It can be used at the college level in intermediate language courses and in beginning conversation or conversation and composition courses, and is suitable for high school use in third and fourth year classes.

The authors believe that intermediate-level language study should focus on enabling students to develop further their ability to communicate in the foreign language by providing them with the opportunity to put to active use the grammar and vocabulary that they have learned at the beginning level. *Reflejos* is intended to provide such opportunities for students, using as vehicles a series of readings that deal with a variety of discussable topics, and accompanying communicative activities designed to help students express their ideas in Spanish in meaningful, personal communication.

The authors also believe that students should be encouraged and helped to increase their understanding of themselves and their society, becoming aware of similarities and differences among the cultures and peoples of the world. It is our hope that the use of *Reflejos* will contribute to this end as well, as students reflect upon themselves and the world around them.

INTRODUCTION

Throughout our years as foreign language teachers, we have become convinced that most students begin their study of a language with the desire to learn to actually use that language. This desire usually is not fulfilled by the isolated learning of grammar and vocabulary, nor by the development of reading-writing skills to the exclusion of aural-oral skills. *Reflejos* has been developed specifically to help intermediate students integrate and refine their communicative skills in Spanish, both oral and written, through the use of materials that encourage and facilitate the exchange of ideas and opinions on a variety of subjects.

ORGANIZATION

Levels of Difficulty

Although the eighteen chapters of *Reflejos* are not divided into formal levels of difficulty, the grammar of the first three chapters is more controlled than that of the remaining chapters, being limited to the present, past, and perfect tenses of the indicative, plus commands. This has been done in order to make it easier for students to become accustomed to the format of the text and the nature of the activities, and to help them gain immediate confidence in their ability to read and communicate in Spanish from the very beginning of the course. The grammar used in chapters four through eighteen presumes student familiarity with all basic Spanish structures. There is, however, a gradual increase in the length, sophistication, and conceptual level of both readings and activities.

Vocabulary has been held throughout to the first 1500 words from Rodríguez Bou's *Recuento de vocabulario español* (Universidad de Puerto Rico, Río Piedras, 1952) and Buchanan's *A Graded Spanish Word Book* (Toronto, 1927), plus cognates and additional words that in the collective judgment of the authors are likely to be known by intermediate students. Vocabulary presumed to be unknown to the student has been held to a minimum, and such items have been glossed in the margins of each reading in which they appear. Therefore, subject to the gradual progression in difficulty referred to above, chapters can be used in any order.

Chapter Divisions

Each chapter contains a reading selection and a series of activities; some chapters also contain cultural and linguistic notes after the reading. Most of the *lecturas* are adaptations of articles that appeared originally in Spanish or Latin American periodicals, and were selected for their universal appeal. They deal with a variety of topics that relate to students' daily lives, including themes of everyday human interest, contemporary social issues, and cultural topics related to Hispanic life and customs. The *notas lingüísticas y culturales* supply explanations of linguistic items not likely to be familiar to intermediate students, and augment the cultural information presented in the reading itself.

The *actividades* are perhaps the most outstanding feature of *Reflejos*. These are carefully sequenced series of activities that require the student both to understand the reading selection and to reflect upon it. The first activity of each chapter is always directly related to the text of the reading selection and can therefore serve as a tool for evaluating reading comprehension. Subsequent activities present a series of opportunities for personal communication. The final activity of each chapter, *Variaciones*, is open-ended, and the students can synthesize and integrate through compositions, oral presentations, debates, panel discussions, etc., the ideas they have been dealing with throughout the chapter.

We have tried to prepare a book that is both flexible and systematic for the teacher and one that is interesting, enjoyable, and meaningful for the student. We hope that you and your students will find it useful and effective.

SUGGESTIONS FOR USE

The readings and activities of *Reflejos* have been designed to lend themselves to a variety of uses in and out of the classroom. Normally, the *lectura* and *Actividad A* will be assigned for reading outside of class, after a brief classroom introduction to the topic of the reading. The instructor can then decide which other activities to use. In order to point out the variety of activity types and to suggest possible ways to use them, the following examples are provided:

Actividad E, «Usos y abusos de la computadora» (Chapter 2)

In this activity students express their opinions regarding the proper use of computers by choosing answers from a list that is provided and/or suggesting their own answers in response to the question mark at the end of the list. Options for using this activity include the following:

Option 1. Whole-class activity: Teacher poses questions; students simply choose answers from the list or offer their own one-line responses.

Option 2. Whole-class activity: The activity proceeds as in Option 1, but students must also support their choice of responses with a "because" statement.

Option 3. Small-group activity: Students work through the questions individually at their seats or outside of class, and then compare answers with one or more class-mates, explaining their opinions to one another with "because" statements.

Option 4. Small-group activity: Students answer the questions in small groups, requiring the discussion of each question and an attempt to form a consensus of opinion in answering it.

Actividad B, «¿Cómo nos ayudamos los unos a los otros?» (Chapter 6)

Incomplete sentences are provided as a framework to help students discuss the opportunities that various kinds of people have to help one another if they so choose. Below are two suggestions for the use of this activity.

Option 1. Students write completions outside of class and compare their results in class the next day, in either small-group or whole-class settings.

Option 2. Students brainstorm in small groups; each group tries to create the maximum number of completions for the items that have been assigned to that group. After the allotted five or ten minutes, time is called and group responses are shared in a whole-class setting.

Actividad B, «El arte de la comunicación» (Chapter 12)

Students are invited to hypothesize what people might say in specified situations in order to get another person to do something (e.g., to loan money, fix a favorite dish for dinner, agree to a date, etc.). The second part of the activity suggests the dramatization of one of the situations. Possible approaches follow.

Option 1. Students study all the situations at home and make notes of their ideas; the next day they compare their ideas in small groups, engaging in informal dramatizations within their groups.

Option 2. Students proceed as in Option 1, but after a few minutes' rehearsal on specific situations assigned by the teacher or chosen by themselves, they present dramatizations in pairs for the enjoyment of the whole class.

Option 3. After proceeding as above, the teacher hands out new situations to selected students. After a few moments to consolidate their thoughts, students role-play extemporaneously, either in groups or in a whole-class setting.

Variaciones sobre el tema (throughout text)

Although some *Variaciones* contain specific suggestions as to their use (e.g., debate, trial by jury, dramatization), the majority simply present ideas for consideration, leaving the specification of student tasks to the teacher. *Variaciones* differ from other activities mainly in that they are intended to facilitate extended interaction with the concepts that have appeared throughout the chapter; most lend themselves to use as formal compositions, oral reports, or classroom interactions such as debates and panel discussions.

These suggestions are by no means exhaustive in terms of activity types and uses, but are intended only to be illustrative of the variety and flexibility built into the *actividades*. We hope teachers who use *Reflejos* will feel free to select and modify activities as appropriate to the best interests of their students, keeping always in mind the communicative potential that has been built into the text.

TO THE STUDENT

As a student of Spanish, you may sometimes tire of grammar rules and vocabulary words, although these are obviously important things to know if you are to communicate effectively in any language. *Reflejos* is designed to build on your vocabulary and grammar lessons by giving you an opportunity to put to practical use the things you have so diligently learned—in other words, *Reflejos* can help you communicate in Spanish about things that are of interest to you.

Each chapter of *Reflejos* begins with a reading selection that was chosen because it suggests topics you might like to discuss. Most of these selections come from Spanish or Latin American magazines, and are therefore culturally authentic in origin. Unfamiliar vocabulary and difficult phrases are explained in marginal glosses,* and in some chapters additional linguistic and cultural information is presented in notes that follow the reading selection.

We hope and expect that you will enjoy the reading selections just for themselves. The *actividades*, however, may be even more enjoyable. It is through the use of these activities that you will find the opportunity to express your own ideas and opinions in Spanish, and to learn what your classmates think as well. Although some activities may appear to be quite simple at first, we think you will find them both challenging and stimulating as you do them. The important thing to remember is that your personal contribution is essential if they are to help you.

We have enjoyed preparing *Reflejos* for you, and we hope that as you use it to develop your ability to engage in meaningful and personal communication in Spanish, you will also enjoy the opportunities it provides for you to reflect upon yourself, your world, and your place in it.

ACKNOWLEDGMENTS

As is often the case, the authors are indebted to many individuals for their contributions to what eventually became *Reflejos* and its companion volume, *Cara a cara*. In a very real sense, these texts not only represent our interaction as authors, but also reflect the sum total of our personal and professional experiences through the years. Thus, although we could hardly hope to thank by name all those whose lives have touched our own in relevant ways, we would like to acknowledge especially certain individuals whose contributions to *Cara* and *Reflejos* were instrumental in their development:

Gilbert A. Jarvis, who provided the model and the inspiration for these "readers for communication";

Diane Birckbichler and Sharon Russell, whose on-going contributions ranged from brainstorming ideas to field testing materials to proofreading manuscripts;

Karen S. Van Hooft and Kathryn Leibell Pasternak, the development editors whose professional expertise and personal attention during the long metamorphosis from manuscript to finished text contributed to the quality of the final product;

All the students whose reactions to field test materials provided the acid test of quality, and to whom, along with present and future students, these texts are dedicated.

---

* Glosses are indicated by superscript circles (°) in the reading itself. If a phrase rather than a single word is to be explained, the circle appears at the last word of the phrase, and the first word is indicated in the marginal gloss. If more than one item in a given line is glossed, the marginal glosses are separated by a slash (/).

1

España para Ud.¹*

No es suficiente sólo llegar y ver un país como turista. Para apreciar verdaderamente el país hay que conocer a la gente. Si Ud. quiere visitar a España y quiere conocer a la gente española, hay
5 algunas cosas que debe saber. Los párrafos° siguientes pueden orientarlo un poco si quiere conocer la España de los españoles.

    Primero, Ud. debe saber que España es un país de gran diversidad—los españoles no somos
10 todos iguales. Tampoco son iguales nuestras provincias: cada región de España tiene sus propias tradiciones, sus propias virtudes° y sus propias manías.° También el lenguaje refleja° esta diversidad. Hay una gran variedad de acentos en el cas-
15 tellano,² la lengua nacional. Además, existen varias lenguas regionales.

    Aunque hay tanta diversidad, también hay unidad: hay muchas costumbres comunes a todas partes del país. Nosotros vamos a hablar de

paragraphs

virtues
peculiarities (lit., madnesses) / reflects

* These numbers indicate a **nota cultural** which appears after the reading.

²⁰ algunas de éstas. Ud. puede descubrir por sí
mismo° las costumbres regionales durante su visita   por . . . for yourself
a nuestro país.

*　*　*

LA PUNTUALIDAD

Dicen que los españoles somos impuntuales,
²⁵ pero no lo crea Ud. . . . no somos todos así. Hay
muchos españoles tan puntuales como los hombres
de negocios de la *city*.³ También hay espectáculos
que empiezan a tiempo: el cine, el fútbol y, sobre
todo, la corrida de toros.

³⁰

LA SIESTA

Para bien o para mal, la siesta no es tan común
hoy como antes. Hoy día, casi ningún joven duerme
la siesta; además, la costumbre es menos común en
el norte del país que en el sur, donde hace más
³⁵ calor. Sin embargo, es mejor no hacer visitas entre
las 2 y las 5 de la tarde, sobre todo en el verano—
tal vez alguien duerme.

EL PIROPO

Se llaman «piropos» las palabras bonitas que
⁴⁰ los hombres españoles dicen cuando pasa una
chica bonita. Esta «institución» española es, en
realidad, un homenaje° verbal del hombre a la be-   homage, tribute
lleza° de la mujer que pasa—un homenaje no so-   beauty
licitado, naturalmente. Lo mejor que Ud. puede
⁴⁵ hacer, señora o señorita, es seguir el modelo de las
mujeres españolas: no reaccionar. Por lo general°   Por . . . In general, Generally
el hombre no espera respuesta; simplemente quiere
expresar su admiración.

LOS SALUDOS°

Salude Ud. dando la mano° porque los españoles—mujeres y hombres—saludan así casi
siempre. Una fórmula común del saludo, cuando
uno le da la mano a un amigo, es: «Hola, ¿qué
tal?» «Muy bien, ¿y tú?» «Bien, gracias». Seguimos
una fórmula como ésta casi siempre, aun cuando
no estamos bien. Son simplemente frases mecáni-
cas que usamos antes de hablar de lo que verdaderamente nos interesa.

FUMAR°

Cuando Ud. desea fumar, siempre debe ofrecerles
cigarrillos a sus compañeros españoles. Ellos siempre van a hacer lo mismo con Ud. No ofrecer es, en
la opinión de los españoles, una antipática tacañería.° Cuando alguien comienza a fumar sin ofrecerles cigarrillos a los otros, muchas veces decimos:
«Oye, tú,° ¿pero los sacas encendidos° del
bolsillo?»°

LA TERTULIA

La tertulia es una costumbre muy española. Aunque
no es tan común como antes, todavía existe. Se

50

55

60

65

Greetings

dando . . . by shaking hands

Smoking (lit., To smoke)

antipática . . . unfriendly
selfish act (lit., **tacañería** =
stinginess)
Oye . . . Hey / lighted
pocket ·

llaman «tertulias» las reuniones frecuentes de un
70 grupo de amigos, reuniones que muchas veces
ocurren en un café. En ellas, los amigos hablan de
todo—a veces con demasiado calor,° pero siempre   fervor (lit., warmth)
cordialmente. Si lo invitan a Ud. a una de estas
sesiones, puede expresar sus opiniones como todos
75 los otros, pero cuidado con la política. Es verdad
que los españoles somos muy críticos de nuestro
país, pero también lo amamos; por eso, no nos
gusta cuando los otros lo critican. Así, aunque nosotros practicamos el deporte nacional de hablar
80 mal del gobierno, lo prudente° para Ud. es no tomar   lo . . . the wise thing
parte en nuestro juego.

LAS INVITACIONES

Si lo invitan a Ud. a comer en casa de familia, no
acepte inmediatamente. La invitación puede ser
85 simplemente una formalidad de cortesía. Si sus
amigos españoles insisten en su compañía, entonces sí, puede aceptar la invitación sin problemas. Si quiere causar una excelente impresión,
mande algunas flores para la señora de la casa

90 antes de ir a la comida. También, llegue puntual-
mente y comente lo sabroso° que está la comida,
aunque sin exagerar.

    Cuando Ud. sale de la casa, sus amigos es-
pañoles le van a decir: «Está Ud. en su casa» o «La
95 casa está a su disposición». Cuidado. Estas son sim-
ples frases de cortesía, y aunque son sinceras, no
le autorizan a llevar ese jarrón chino° que le gusta
tanto.

* * *

    Muy bien, amigo. Ahora que Ud. sabe algo de
100 nuestras costumbres, estamos seguros que puede
visitar a España mejor preparado que un turista
ordinario. Ahora, puede conocer mejor a la gente
española y así apreciar más nuestro país. Por eso,
le decimos muy sinceramente:

lo . . . how delicious

jarrón . . . Chinese vase

Adaptación del folleto turístico *España para usted (Ministerio de Información y Turismo,* Madrid)

Notas culturales y lingüísticas

1. Esta lectura es una adaptación de un folleto de turismo hecho por el gobierno español y destinado a personas que desean viajar a España. Por esta razón, el uso de «nosotros» y el punto de vista informativo son del folleto mismo.

2. «Castellano» es la palabra que usan algunos españoles al referirse al español, la lengua nacional. También puede referirse a cualquier persona o cosa que es de Castilla, región central de España.

   EJEMPLO: José Luis es *castellano.*
   El paisaje *castellano* es bello.

3. Algunos hispanohablantes usan la palabra inglesa *city* para referirse específicamente al centro urbano, bancario y comercial de Londres.

España para Ud.

actividades

A. ¿Comprende Ud.?

Primera parte: La información de este folleto turístico puede ayudarle mucho a un extranjero que quiere visitar a España. Según lo que Ud. acaba de leer, ¿cuál debe ser la conducta más apropiada en cada una de las siguientes situaciones?

1. Ud. va a España para conocer a la gente. Después de pasar mucho tiempo en Castilla, Ud. va a Andalucía, región del sur de España, donde nota que los andaluces tienen algunas costumbres muy diferentes de las de Castilla. Ud. debe. . . .
   a. preguntar a los andaluces si hablan castellano
   b. hablar continuamente de las costumbres de Castilla
   c. respetar las costumbres de las dos regiones

2. Ud. tiene una cita con un hombre de negocios de Barcelona. Ud. debe. . . .
   a. llegar tarde porque los españoles nunca llegan a tiempo
   b. llegar a tiempo porque no todos los españoles son impuntuales
   c. llevar una novela para leer mientras espera al ejecutivo español

3. Ud. está viajando por el sur de España y quiere visitar a una familia que Ud. conoció el año pasado. Va a su casa a las 3:30 de la tarde y llama a la puerta, pero no contesta nadie. Ud. debe. . . .
   a. volver más tarde, porque posiblemente duermen
   b. llamar otra vez, porque deben estar en casa
   c. irse de allí muy ofendido

4. Ud. es una norteamericana que estudia en la Universidad de Madrid. Un día mientras anda por la calle, un español le dice que Ud. es muy bonita y muy guapa. Ud. debe. . . .
   a. hablar con él y tal vez pedirle otros piropos
   b. llamar a un policía
   c. continuar andando sin indicar que Ud. lo ha oído

5. Ud. es una mujer joven y acaba de llegar a Sevilla. Una amiga se la presenta a un hombre español. Ud. debe. . . .
   a. darle la mano, exactamente como hacen los hombres
   b. besarlo para indicar que Ud. es una persona simpática
   c. no hacer nada porque las mujeres españolas no participan en la sociedad de los hombres

6. Ud. está con unos amigos españoles y desea fumar. Ud. debe. . . .
   a. fumar solamente cigarrillos españoles para no ofender a los amigos
   b. ofrecerles cigarrillos a todos—Ud. no quiere ser el «americano feo»
   c. pedirles un cigarillo a sus amigos—Ud. puede fumar sus propios cigarrillos más tarde

7. Durante una tertulia, hay una cosa que Ud. no debe hacer, aunque lo hacen los españoles: Ud. no debe. . . .
   a. practicar el deporte nacional de fútbol
   b. tomar un café
   c. criticar el gobierno

8. Cuando sus amigos españoles le dicen a Ud.: «Está Ud. en su casa», Ud. debe. . . .
   a. quedarse allí una semana más
   b. comprender que no es literalmente la verdad
   c. aceptar la casa y dar las gracias

Segunda parte: Conteste las siguientes preguntas para expresar sus opiniones sobre la lectura.

1. De estas costumbres mencionadas, ¿cuál le gusta más a Ud.?

2. ¿Qué piensa Ud. de la costumbre de echar piropos?

B. Los gestos

En todas partes se usan los gestos (*gestures*) para comunicar pensamientos y emociones. Pero un mismo gesto puede significar cosas diferentes en distintas partes. Abajo hay ilustraciones de cinco gestos comunes en el mundo hispánico seguidas de cinco minidiálogos de pregunta y respuesta. En cada diálogo, la persona que responde puede usar uno de los gestos ilustrados: ¿cuál? (Las respuestas están al pie de la página.) Después de aprender qué significan los gestos, Ud. puede hacer una escenita (*skit*) usando algunos de esos gestos.

Diálogo 1: —¿Qué tal? ¿Cómo estás hoy?
              —Pues, así, así.
Diálogo 2: —Bueno, tengo que irme.
              —Adiós, hasta mañana.
Diálogo 3: —¿Por qué no invitaste a Oscar?
              —Porque es tan tacaño que nunca paga su parte.
Diálogo 4: —Sí, ¿qué quieres?
              —Ven acá, ven acá.
Diálogo 5: —Oye, ¿quieres un café?
              —Gracias, ahora no.

A   B   C

D   E

Respuestas 1. c; 2. d; 3. b; 4. e; 5. a.

C. EE.UU. para Ud.

Ud. acaba de leer una parte de un folleto turístico que ofrece orientación cultural para los extranjeros que piensan visitar a España. Ahora, piense Ud. en algunas costumbres o características típicamente norteamericanas que un extranjero debe saber cuando va a visitar a los Estados Unidos (EE.UU.). Luego, prepare un folleto similar titulado «EE.UU. PARA UD.». Entre otras cosas, puede incluir:

—la abundancia de las comidas al instante
—las golosinas (*junk food*)
—el proceso amoroso (*courtship and marriage, dating*)
—la puntualidad
—la prisa en la vida diaria
—la televisión en la vida familiar
—nuestra aparente riqueza

D. En el hotel

Al pedir habitación en un hotel, el viajero generalmente tiene que aceptar lo que hay en ese momento o buscar otro lugar. Hagan Uds. los papeles (*roles*) de un hotelero y un viajero en las siguientes situaciones. Las *Frases útiles* y la *Lista de precios* los pueden ayudar (véanse las páginas 11–13).

Situaciones

1. El tren acaba de llegar a Madrid. El viajero baja y se encuentra con un representante del Hotel Socorro. El representante le describe al viajero las ventajas de quedarse en su excelente hotel—los precios bajos, las habitaciones cómodas, etc. El viajero le dice que ya tiene acomodaciones en otro hotel. Sin embargo, el representante no lo escucha y sigue insistiendo.

2. El viajero llega al hotel y pide una habitación con baño completo. El hotelero le dice que no le queda más que una habitación pequeña con lavabo. Le explica que tiene una habitación con baño completo pero que la tiene reservada para otra persona. El viajero trata de convencerlo que él la necesita más.

3. El hotelero le pide al viajero la información necesaria para poder llenar la «Tarjeta de registro» (véase la página 13). Después, el hotelero le pide el pasaporte, indicando que necesita guardarlo por algún tiempo. El viajero protesta porque no entiende. El hotelero trata de explicarle que así se hace en España pero el viajero queda en duda.

4. El avión del «charter» sale dentro de dos horas, y el viajero está pagando su cuenta en el hotel. En el momento de pagarla, descubre que no tiene suficiente dinero. Trata de explicarle sus razones al hotelero.

FRASES UTILES

Hotelero

¿En qué puedo servirle?
¿Cuántas personas son Uds.?
¿Por cuántos días?
¿Prefieren habitaciones sencillas o dobles?
¿Desea Ud. habitación con baño completo?
Lo siento, pero en este momento no tengo habitación doble. ¿Ud. quiere ver una habitación sencilla?

Viajero

Necesito una habitación para _____ persona(s).
¿Cuál es el precio por habitación sencilla con ducha y lavabo solamente?
¿Me permite ver la habitación, por favor?
¿No tiene Ud. algo más barato (limpio, grande, etc.)?
Muy bien; la tomo (la tomamos).
¿A qué hora es la cena?

LISTA DE PRECIOS*

Habitaciones sencillas

Con baño completo	185-235 ptas.
Con ducha, lavabo e inodoro solamente	170-210 ptas.
Con ducha y lavabo solamente	135-180 ptas.
Con lavabo solamente	115-165 ptas.

España para Ud.

Habitaciones dobles

Con baño completo	300-405 ptas.
Con ducha, lavabo e inodoro solamente	290-365 ptas.
Con ducha y lavabo solamente	220-300 ptas.
Con lavabo solamente	180-230 ptas.

Precios comedor

Desayuno	44 ptas.
Comida	195 ptas.
Cena	195 ptas.
Pensión alimenticia	320 ptas.

Tarjeta de registro**

DIRECCION GENERAL DE SEGURIDAD

Extranjeros Entrada

APELLIDOS: ....

NOMBRE: ...., de .... años,

de nacionalidad ....

con pasaporte núm. ...., que entró en España

por ....el........de..................de 19.........

ha llegado a esta localidad en el día de la fecha procedente

de ....

y hospedándose en ....

calle de .... núm. ....

........................de..................de 19.........

Imp. de la D. G. de S.—M. 2-A.   Firma del encargado del Hotel o huésped particular,

Sello de la Comisaría de Policía receptora,

№ 407778

Donativo Montepío C. G. Policía: Una peseta.

---

* In Spain, where tourism is very important, the national government classifies lodgings and sets minimum and maximum prices to protect both tourist and hotel-keeper. Categories of rooming houses (*pensiones* or *hostales*) and hotels are indicated with stars, the most luxurious being five-star hotels. The prices above are appropriate for an economical, one-star hotel, and are reproduced from the 1975 *Guía de Hoteles* published by the *Ministerio de Información y Turismo* in Madrid. Each establishment must display such a list near the desk where tourists can see it.

The price for *pensión completa*, or full room and board, is obtained by adding the price of the room and that of the *pensión alimenticia*. Many establishments, however, offer *media pensión* as an alternative: a set price for a room with breakfast and one other meal.

** A hotel keeper must have a registration card for each guest. The clerk usually requests appropriate information from the guest and fills out the card, asking for the guest's passport in order to record its number and place and date of issue. Passports are generally returned within a short time if the guests check in during the day, or the following morning if guests check in late at night.

Variaciones sobre el tema

1. Cuente Ud. un choque cultural que Ud. o un(a) amigo(a) suyo(a) ha sufrido en otro país, o que un(a) extranjero(a) ha sufrido en los EE.UU.

2. La prisa en la vida norteamericana: defenderla o atacarla.

3. Aunque hay diferencias culturales entre los países del mundo, también existe mucha variedad dentro de un solo país. Piense Ud. en una persona a quien admira y que es muy diferente de Ud.—por ejemplo, en su personalidad, en su manera de pensar, en su estilo de vida, etc. ¿En qué aspectos es diferente de Ud.? ¿Por qué lo (la) admira?

SALIDA

A su llegada al aeropuerto deberá dirigirse a los mostradores de facturación, aun cuando no lleve equipaje. Allí se le entregará la tarjeta de embarque.

Si su destino es en un país distinto al de salida, deberá pasar el control de pasaportes.

TRANSITO

A la llegada al aeropuerto de tránsito, rogamos se dirija a los mostradores de información o de facturación de tránsitos.

Si tuviera cualquier duda o problema con los procedimientos locales de policía y/o aduana, le rogamos se ponga en contacto con nuestros empleados.

Si procede de un país distinto deberá pasar el control de pasaportes.

DESTINO

Si no es necesario lo anterior, le rogamos se dirija directamente a la sala de entrega de equipajes.

Los pasajeros procedentes de país distinto al de llegada, deberán de pasar el control de aduanas.

IBERIA

2

Un hacelotodo electrónico°

Un . . An Electronic Do-it-all

Estamos viviendo la «Segunda Revolución Industrial». Durante la primera (Siglo XIX) el hombre
empezó a usar máquinas en vez de sus propios
músculos. Ahora, en la segunda, empieza a usar
5 las computadoras electrónicas en vez de su propio
cerebro.° Es decir, vivimos ahora la época de los   brain
«cerebros electrónicos».

Pero estos «cerebros electrónicos» no son cerebros de verdad, porque no pueden pensar por sí
10 mismos. En realidad, han sido llamados idiotas
completos con una sorprendente facilidad° para el   **sorprendente** . . . surprising
cálculo. Hacen exactamente las operaciones que les   aptitude (lit., **facilidad** =
indica el programa, pero las hacen a una velocidad   facility)
imposible para el cerebro humano. Por eso, los es-
15 pecialistas llaman a esta máquina «ordenador
electrónico» o computadora.

La mayoría de la gente asocia las computadoras con el mundo de la ciencia, la tecnología y los negocios. Sin embargo, hay otros usos de la
20 computadora—por ejemplo, el amor. La computadora se emplea para encontrar compañeros a aquellas personas que lo solicitan. Una pareja de recién casados° de Estocolmo, Suecia,° debe su boda° nada menos que a una computadora. En
25 este caso, Bridgitte Carlsson, de treinta años, y Rune Linberg, de veintinueve, se conocieron y tuvieron su primera cita° gracias a la máquina. Descubrieron entonces que eran la pareja ideal y se apuraron° a casarse.

30 La tecnología moderna también se encuentra al servicio de las artes. Hoy día se experimenta con el uso de la computadora en el estudio de obras literarias. Recientemente se ha hecho un estudio sobre Shakespeare y se han descubierto cosas muy
35 curiosas. Por ejemplo, el pronombre personal «yo» aparece 21.206 veces en sus obras completas. En una sola obra, *La fierecilla domada,*° la palabra «yo» aparece 618 veces, y el impetuoso Petruchio es el que la pronuncia con más frecuencia, indi-
40 cando así que es un hombre bastante egoísta.

También se está investigando la posibilidad de una computadora capaz de° traducir automáticamente cualquier texto a cualquier lengua. Dentro de la máquina se van a necesitar diccionarios elec-
45 trónicos multilingües para hacer tal traducción. Pero siempre quedan problemas, como indica la siguiente anécdota. Un grupo de programadores trabajaba con una computadora para traducir del inglés al ruso. Para probar° la máquina, los espe-
50 cialistas le dieron esta frase:

«El espíritu está pronto, pero la carne es débil».°

Y la máquina tradujo:

«El licor es bueno, pero la comida es horro-
55 rosa».

pareja . . . newlywed couple /
Estocolmo . . . Stockholm, Sweden
wedding

date

se . . . hurried, hastened

La . . . *The Taming of the Shrew*

capaz . . . capable of

test, put to a test

El . . . *The spirit is quick (willing) but the flesh is weak.*

Además, es posible aplicar la computadora a
la creación de obras artísticas en pintura, arquitectura, música y escultura. La creación por ordena-
dor° es posible, pero es claro que la máquina sola
60 no puede crear: solamente puede desarrollar° un

por . . . by means of computer

develop

programa creado por la inteligencia humana. En cuanto a° la música, por ejemplo, imagínese que un programador decide componer° una pieza musical con la computadora. Primero, le da todos los tonos posibles de una melodía simple con acompañamiento. También le comunica una serie de reglas° de composición. Luego, la computadora selecciona el orden de los tonos y compone la pieza. El resultado es una obra musical, hecha en pocos segundos. En fin, es un proceso muy sencillo.

En . . . As for
to compose

rules

En resumen, podemos decir que hoy día la computadora interviene no sólo en la tecnología, sino también en la vida sentimental y artística de los seres humanos.° Por eso, tal vez debemos preguntarnos . . . ¿depende el hombre demasiado de la tecnología?, ¿puede el hombre perder algún día sus emociones y su sensibilidad° artística?, ¿puede convertirse también en máquina. . . ?

seres . . . human beings

sensitivity

Adaptación de artículos de: *Siete días* (Buenos Aires) y *La estafeta literaria* (Madrid)

actividades

A. ¿Comprende Ud.?

Primera parte: Para ver si Ud. ha entendido bien la lectura, decida si las siguientes oraciones son verdaderas o falsas. Si una oración es falsa, corríjala y añada más información.

1. La «Segunda Revolución Industrial» se refiere al uso de las computadoras en vez de la mente humana.

2. Las computadoras funcionan con poca rapidez.

3. Las máquinas electrónicas siempre hacen lo que el programador les dice.

4. Una pareja de Suecia usó la computadora para planear su boda.

5. Una computadora contó palabras en las obras completas de Shakespeare.

6. Con un diccionario, la máquina puede dar una traducción perfecta de frases idiomáticas.

7. Una computadora puede escribir un programa para componer una pieza musical.

Segunda parte: **Conteste las siguientes preguntas para expresar sus opiniones sobre la lectura.**

1. Mucha gente cree que las computadoras controlan nuestra sociedad. ¿Está Ud. de acuerdo? ¿Por qué sí o por qué no?

2. ¿Cómo reacciona Ud. a las tres preguntas al final de la lectura? Explíquese.

B. Crucigrama

Para ver si Ud. puede resolver este crucigrama, complete cada oración con la palabra apropiada. Todas las oraciones se basan en la información del texto. Las respuestas aparecen al final de la actividad.

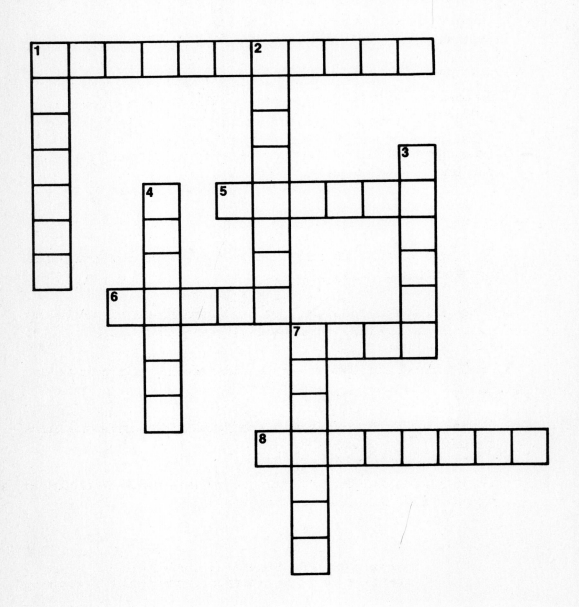

Horizontal

1. El hombre que escribe instrucciones para un ordenador es un
   _____ .

5. La creación por máquina depende de la creación _____ .

6. Para componer música, la computadora necesita saber muchos
   _____ .

7. Es posible usar la computadora para arreglar una _____
   entre dos personas.

8. La composición de una pieza musical se hace rápidamente: requiere
   sólo unos _____ .

Vertical

1. La computadora es útil para la creación en varias formas artísticas,
   por ejemplo, en _____ .

2. Antes de la Primera Revolución Industrial, el hombre usaba sus
   _____ mucho más que las máquinas.

3. En Estocolmo, una cita por computadora resultó en la boda de una
   _____ .

4. Hoy día las computadoras no pueden traducir perfectamente textos
   a varios _____ .

7. La computadora no puede pensar por sí misma: sigue un programa
   creado por el _____ humano.

Respuestas

Horizontal: 1. programador 5. humana 6. tonos 7. cita 8. segundos
Vertical: 1. pintura 2. músculos 3. pareja 4. idiomas 7. cerebro

C. ¿Qué piensa Ud.?

Hay muchas opiniones diferentes sobre las computadoras. ¿Qué opina Ud. de ellas? Para completar las siguientes oraciones, escoja la alternativa que mejor exprese su opinión o añada su propia opinión en la alternativa d. Después de terminar, compare sus respuestas con las de un(a) compañero(a) de clase: ¿son similares?, ¿diferentes?

1. La limitación mayor de las computadoras es que. . . .
   a. no tienen ni comprenden las emociones humanas
   b. no pueden pensar por sí mismas
   c. pueden hacer solamente lo que les manda el hombre
   d. ¿_____?

2. Lo más peligroso de las computadoras es que. . . .
   a. obedecen las instrucciones de cualquier persona
   b. pueden acumular demasiada información sobre un individuo
   c. pueden quitarle el empleo a un ser humano
   d. ¿_____?

3. Las computadoras no deben. . . .
   a. influir en decisiones que afectan la vida personal de alguien
   b. ayudar a una nación en la destrucción de otra
   c. ser los dioses de la sociedad moderna
   d. ¿_____?

4. Las computadoras son mejores que el hombre para. . . .
   a. crear obras artísticas
   b. escoger rápidamente entre varias posibilidades
   c. dirigir un vehículo a la luna
   d. ¿_____?

5. La computadora puede ser instrumento de la paz mundial si se usa para ayudar a. . . .
   a. distribuir la comida del mundo entre todos sus habitantes
   b. mantener información sobre la cantidad de armas que tiene cada nación
   c. buscar soluciones a los problemas de la ecología
   d. ¿_____?

6. La vida del hombre es mejor porque las computadoras. . . .
   a. lo ayudan en la defensa nacional
   b. le permiten tener más tiempo libre
   c. lo ayudan en los avances científicos
   d. ¿_____?

```
PROGRAM MS0010R0  BOYLAN REFLEJOS                                    JUN.22,197

0&&&&     ESPANA* PARA UD NO ES SUFICIENTE SOLO* LLEGAR Y VER UN PAIS* COMO

0&&&&     TURISTA . PARA APRECIAR VERDADERAMENTE EL PAIS* HAY QUE CONOCER A LA

0&&&&     GENTE . SI UD QUIERE VISITAR A ESPANA* Y QUIERE CONOCER A LA GENTE

0&&&&     ESPANOLA* HAY ALGUNAS COSAS QUE DEBE SABER . LOS PARRAFOS*

0&&&&     SIGUIENTES PUEDEN ORIENTARLO UN POCO A UD SI QUIERE CONOCER LA

0&&&&     ESPANA* DE LOS ESPANOLES* . PRIMERO UD DEBE SABER QUE ESPANA

0&&&&     ES UN PAIS* DE GRAN DIVERSIDAD . LOS ESPANOLES* NO SOMOS TODOS

0&&&&     IGUALES . TAMPOCO SON IGUALES NUESTRAS PROVINCIAS CADA REGION* DE

0&&&&     ESPANA* TIENE SUS PROPIAS TRADICIONES SUS PROPIAS VIRTUDES Y

0&&&&     SUS PROPIAS MANIAS* . TAMBIEN* EL LENGUAJE REFLEJA ESTA LA

0&&&&     DIVERSIDAD . HAY UNA GRAN VARIEDAD DE ACENTOS EN EL CASTELLANO

0&&&&     LA LENGUA NACIONAL . ADEMAS* EXISTEN VARIAS LENGUAS

0&&&&     REGIONALES AUNQUE HAY TANTA DIVERSIDAD TAMBIEN* HAY UNIDAD

0&&&&     HAY MUCHAS COSTUMBRES COMUNES A TODAS PARTES DEL PAIS* .

0&&&&     NOSOTROS VAMOS A HABLAR DE ALGUNAS DE ESTAS* . UD PUEDE DESCUBRIR POR

0&&&&     SI* MISMO LAS COSTUMBRES REGIONALES DURANTE SU VISITA A NUESTRO

0&&&&     PAIS* . LA PUNTUALIDAD DICES QUE LOS ESPANOLES* SOMOS INPUNTUALES

00001     PERO NO LO CREA UD NO SOMOS TODOS ASI* . HAY MUCHOS ESPANOLES*

00001     TAN PUNTUALES COMO LOS HOMBRES DE NEGOCIOS DE LA CIUDAD . TAMBIEN*

00001     HAN ESPECTACULOS* QUE EMPIEZAN A TIEMPO EL CINE EL FUTBOL* Y

00001     SOBRE TODO LA CORRIDA

00002     DE TOROS . LA SIESTA PARA BIEN O MAL LA SIESTA NO ES TAN COMUN*

00002     HOY COMO ANTES . HOY DIA* CASI NINGUN* JOVEN DUERME LA SIESTA

00002     ADEMAS* LA COSTUMBRE ES MENOS COMUN* EN EL NORTE DEL PAIS* QUE EN EL

00002     SUR DONDE HACE MAS* CALOR . SIN EMBARGO ES MEJOR NO HACER VISITAS

00002     ENTRE LAS Y LAS DE LA TARDE SOBRE TODO EN EL VERANO TAL VEZ

00002     ALGUIEN DUERME . EL PIROPO SE LLAMAN PIROPOS LAS PALABRAS BONITAS QUE

00002     LOS HOMBRES ESPANOLES* DICEN CUANTO PASA UNA CHICA BONITA .

00002     ESTA INSTITUCION* ESPANOLA* ES EN REALIDAD UN HOMENAJE VERBAL
```

Una página de computadora

Un hacelotodo electrónico   25

D. Una cita electrónica

Abajo hay un ejemplo de algunas de las preguntas que típicamente aparecen en los cuestionarios de las oficinas de citas computorizadas. Mientras las lee, piense en las posibles respuestas de su novio(a) ideal. Luego, compare con un(a) compañero(a) el tipo de persona que puede ser su «amor» ideal, o escriba una descripción de esa persona.

AMISTADES «EL Y ELLA»

Nombre: _____

Domicilio: _____

Ciudad: _____

Profesión: _____ estudiante

_____ otro: _____

Edad:		Pelo:			
_____	15-18	Pelo:	_____ rubio	_____ castaño
_____	19-25		_____ gris	_____ rojizo
_____	26-35	Ojos:	_____ azules	_____ claros
_____	36-45		_____ oscuros	
_____	46—			

Este cuestionario le puede indicar a Ud. los intereses y los valores que son importantes con respecto a la compatibilidad entre el hombre y la mujer. De ninguna manera debe considerarse este cuestionario como diagnosis psicológica. Use el número 5 para indicar máximo acuerdo, y el número 1 para indicar máximo desacuerdo.

1. Soy optimista.   1 2 3 4 5
2. Casi siempre estoy de buen humor.   1 2 3 4 5
3. Me siento inhibido(a) cuando alguien me critica.   1 2 3 4 5
4. Gozo de la vida a pesar de las calamidades.   1 2 3 4 5
5. Me enojo fácilmente.   1 2 3 4 5
6. Por lo general, estoy contento(a) con mi vida.   1 2 3 4 5
7. Prefiero la fantasía a la realidad.   1 2 3 4 5
8. Prefiero salir solo(a) en vez de quedarme solo(a) en casa.   1 2 3 4 5
9. Me gusta visitar nuevos lugares.   1 2 3 4 5
10. Prefiero conversar con amigos(as) en vez de leer un libro.   1 2 3 4 5
11. Me gusta tener invitados(as) en casa.   1 2 3 4 5
12. Prefiero trabajar solo(a) en vez de trabajar con otros.   1 2 3 4 5
13. Me gusta conocer gente de otros países.   1 2 3 4 5
14. Me considero una persona extrovertida.   1 2 3 4 5
15. Prefiero la tranquilidad del campo a la actividad de la ciudad.   1 2 3 4 5
16. Me gusta llevar ropa de última moda.   1 2 3 4 5
17. Creo que es importante tener una educación universitaria.   1 2 3 4 5
18. Me gusta más el ejercicio físico que el ejercicio mental.   1 2 3 4 5
19. Me gusta asistir a actividades culturales: la ópera, el teatro, las exposiciones de arte, los conciertos.   1 2 3 4 5
20. Quiero tener hijos.   1 2 3 4 5
21. Es importante tener novio o novia de la misma religión.   1 2 3 4 5

E. Usos y abusos de la computadora

Examine Ud. cada uno de los siguientes usos de la computadora en nuestra sociedad. Luego, considere las preguntas que siguen. En la opinión de Ud., ¿qué usos de la computadora responden mejor a cada pregunta?

Usos

1. hacer investigaciones científicas
2. acumular información sobre el crédito de una persona
3. preparar las cuentas que se mandan por correo
4. organizar los negocios de un banco
5. analizar el problema del hambre mundial y buscar soluciones
6. preparar los horarios de clase para los estudiantes
7. ayudar en la exploración del espacio
8. hacer diagnosis médicas
9. seleccionar parejas ideales
10. preparar un horóscopo
11. contar los votos en las elecciones nacionales
12. ¿_____?

Preguntas

1. ¿Qué usos son de mayor beneficio para la humanidad?
2. ¿Qué usos causan mayor frustración para Ud. o para su familia?
3. ¿Qué usos son la causa de mayor despersonalización en nuestra sociedad?

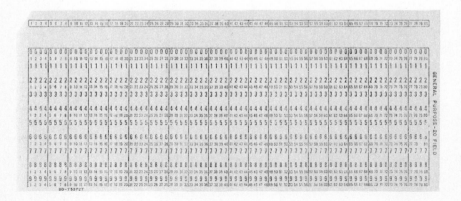

4. ¿Qué usos le dan más conveniencia en su vida personal?

5. ¿Qué usos son los más necesarios para nuestro mundo moderno?

Variaciones sobre el tema

1. Quedan pocas facetas de nuestra vida que todavía no están afectadas por las computadoras. Cuente Ud. algunas de las experiencias que Ud. u otra persona ha tenido con una computadora.

2. Imagínese Ud. que alguien acaba de darle acceso a una computadora por un día y que puede usarla para hacer cualquier cosa. ¿Qué va a hacer la computadora para Ud.? Describa en detalle ese día desde la mañana hasta la noche.

El último de los gauchos

3

El último de los gauchos[1]

Lo llaman «el Chacho» pero su nombre verdadero es César Royo. Está vestido de azul y tiene los ojos claros y brillantes. Sobre el pecho° le cae la enorme barba blanca detrás de la cual sale de vez 5 en cuando una sonrisa.° Tiene un lazo° en la mano y lleva un sombrero inmenso.

     Todos los salteños° saben algo del Chacho—el último de los gauchos. Hay muchas anécdotas y leyendas sobre su personalidad, pero él las consi- 10 dera de poca importancia. Solamente sonríe un poco cuando se habla de él. Detrás de la sonrisa, sin embargo, queda una porción viva del pasado argentino. El Chacho representa el último de aquel tipo de hombre que una vez habitaba las vastas

chest

smile / lasso

people from Salta, province and city in N.W. Argentina

31

15 pampas[2] argentinas—aquel tipo de hombre que
tenía que usar la imaginación y la violencia para
vivir; aquel tipo que tenía que acostumbrarse a vivir
solo en los grandes espacios abiertos de la naturaleza.

20   Como él mismo dice: «El campo era otra cosa
antes. Más alegría de vivir, más ganas de andar
sobre un caballo.° La gente era mucho más tranquila que hoy día, m'hijo°[3] . . . La cosa era levantarse muy temprano y salir al campo. A domar, a
25 marcar, a echar un pial.° Lazo y cuchillo eran su-
ficientes».

    Se cuenta que hace algunos años el Chacho
tenía fama de resolver sus problemas peleando.° Él
explica el caso así: «Cuando yo nací, en la finca
30 que tenía mi padre, todo iba muy sereno. Un buen
día—yo tenía unos veinte años—hubo un problema
desagradable con un hombre—una cuestión de po-
lleras,° sabés.[4] Ahí me desgracié.° Lo maté y me
fui al monte° para esconderme. Cuando uno está
35 en la mala,° no hay más remedio. Me quedé es-
condido hasta que se fue olvidando lo que había
pasao.°[5] Pero no se olvidó por completo—es que
algunos me habían hecho historias,° y gané fama
de peleador. Si me apeaba en algún boliche,° ya
40 me estaban buscando para pelear. Así que tuve
una serie de duelos y maté a unos once hombres.
Pero si todo esto fue cierto, ya estoy perdonao,[5] pues
después de darle un trabajo bárbaro a la justicia,°
me hice policía».

45   Y sonríe el Chacho cuando piensa en estas dos
facetas de su vida: la una de asesino, la otra de
policía, profesión que tuvo durante unos veinte
años. El Chacho también piensa con gusto en su
mujer y sus ocho hijos—tres hombres y cinco mu-
50 jeres. Sin embargo, le molestan un poco las actitudes modernas de sus hijos. Como dice él: «Las
mujeres son mujeres, no más. Alguna ya se ha casao.[5] Los muchachos no salieron muy de a caballo.°
Les gustan las máquinas. No son verdaderos gau-

andar . . . to travel on
horseback / my friend (lit.,
my son)

A . . . To tame horses, to brand
cattle, to lasso

by fighting

women (lit., skirts) / Ahí . . .
That's where I really got in
trouble. / hills
está . . . is in trouble

pasao = pasado

me . . . had made up stories
about me / me . . . I got
down from my horse to go
into a saloon

después . . . after giving the
law a very hard time

no . . . did not turn out to be
anything to brag about

Las pampas de la Argentina

⁵⁵ chos—es que prefieren la motocicleta en vez del caballo. Probablemente andan pensando en irse a la
luna».

   Cuando uno le pregunta al Chacho si él desea
ir allí, contesta francamente: «No, che°⁶ . . . Ya   friend
⁶⁰ hace tiempo que he pasao⁵ los setenta años. Por
eso ahora ando tranquilo. Me siento abajo de este
paraíso celeste° y me quedo aquí tomando mate°   **paraíso** . . . heavenly
y pensando. Dejá⁴ eso de la luna pa'³ otros. A mí   paradise / an herbal tea
dejame⁴ vivir aquí, pisando el suelo° . . .»   **pisando** . . . treading on solid
                                                        ground

Adaptación de un artículo de *Gente y la actualidad* (Buenos Aires)

Notas culturales y lingüísticas

1. Muchas veces se dice que el gaucho fue el «cowboy» sur-americano. Históricamente, fue el mestizo que trabajaba en las regiones de la Argentina y del Uruguay donde se criaba ganado.° Hoy en día el gaucho prácticamente no existe, y es en verdad una figura legendaria del pasado.

   se . . . cattle were raised

2. Las pampas son las grandes llanuras° que van de norte a sur por el centro de la Argentina.

   plains

3. *M'hijo* y *pa'* son formas abreviadas de *mi hijo* y *para*.

4. Este verbo corresponde al sujeto *vos*. En el español de la Argentina, Centroamérica y algunas partes de Colombia, el *voseo*, o el uso del pronombre *vos*, es equivalente del *tuteo*, o el uso del pronombre *tú*: *Vos sabés = Tú sabes, Sentate vos = Siéntate (tú), ¿Qué decís? = ¿Qué dices?*

5. La terminación *-ado* muchas veces se pronuncia *-ao* en el habla corriente:° *pasao = pasado, perdonao = perdonado, casao = casado.*

   habla . . . everyday speech

6. La palabra *che* se usa comúnmente en el español de la Argentina cuando se habla a un buen amigo o a una persona con quien uno siente cierta intimidad. Por ejemplo,—¿Qué hay, *che*?,—¿Por qué no vamos al cine, *che*?;—*Che*, ¿adónde vas?

actividades

A. ¿Comprende Ud.?

Primera parte: Para ver si Ud. ha entendido bien la lectura, seleccione la respuesta apropiada para cada una de las siguientes oraciones.

1. Según la descripción física del Chacho, él parece ser un hombre. . . .
   a. muy antipático
   b. muy simpático
   c. de mal humor

2. El gaucho. . . .
   a. siempre vivía con mucha otra gente
   b. por lo general vivía cerca de la ciudad
   c. llevaba una vida solitaria

3. El Chacho implica que. . . .
   a. está contento con la vida moderna
   b. prefiere la vida del pasado
   c. cree que la vida de hoy no es tan agitada como antes

4. El Chacho mató a un hombre. . . .
   a. a causa de una mujer
   b. cuando tenía unos 15 años
   c. porque el hombre quería robarle el caballo

5. El Chacho se escondió porque. . . .
   a. no quería trabajar en la finca de su padre
   b. quería escapar a la justicia
   c. su padre estaba enojado con él

6. El Chacho cree que está perdonado por su vida de violencia porque. . . .
   a. se hizo policía
   b. nunca pudieron capturarlo
   c. ahora es famoso

7. Los hijos del Chacho son. . . .
   a. gente moderna
   b. exactamente como el padre
   c. astronautas

8. Cuando el Chacho piensa en el futuro. . . .
   a. tiene muchas ganas de irse a la luna
   b. está muy contento con su vida en las pampas
   c. quiere participar en muchas otras aventuras

Segunda parte: Conteste las siguientes preguntas para expresar sus opiniones sobre la lectura.

1. ¿Cómo reacciona Ud. a la vida que llevaba el Chacho antes de hacerse policía?

2. El Chacho dice que sus veinte años como policía le perdonan sus crímenes anteriores. ¿Está Ud. de acuerdo? ¿Por qué sí o por qué no?

3. ¿Qué piensa Ud. sobre el comentario del Chacho cuando dice, «Las mujeres son mujeres, no más»?

4. ¿Le gustaría a Ud. vivir como el Chacho, o prefiere Ud. la vida moderna? ¿Por qué?

B. Deseos y empleos

El gaucho típico nació para pasar su vida trabajando en las pampas. Hoy día la gente tiene mucha libertad para escoger una profesión—tanta libertad que muchas veces necesita ayuda. ¿Puede Ud. ser un(a) buen(a) consejero(a) de empleo? Para analizar su habilidad, forme unas frases de sentido lógico usando una parte de cada columna. Luego, compare esas frases con las de otro(a) alumno(a) de la clase. En su opinión, ¿cuál de Uds. puede ser el(la) mejor consejero(a)? Para darle más vocabulario, hay algunas profesiones ilustradas en la página 37.

			bibliotecario(a)
	hablar mucho		carpintero(a)
	trabajar con coches		político(a)
	gozar del aire fresco		psicólogo(a)
	proteger a la gente		veterinario(a)
	caminar mucho		arquitecto(a)
Un hombre/	ayudar a la gente		pintor(a)
Una mujer	trabajar con las manos	debe ser	agricultor(a)
que quiere	crear cosas		trabajador(a) social
	trabajar solo(a)		médico(a)
	expresarse		taxista
	trabajar con animales		periodista
	informar al público		telefonista
	¿———?		¿———?

abogado(a) camarero(a) locutor(a) de radio obrero(a)

sastre, modista cartero* pescador(a) domador(a) de fieras

presidente peluquero(a) salvavidas* bombero(a)

clérigo* juez* periodista enfermero(a)

---

* At the present time, there exists a type of "anarchy" in the grammatical gender of occupations, since women are increasingly occupying professions traditionally held by men. In general, one uses: *el médico, la médica; el abogado, la abogada; el presidente, la presidenta.* For certain occupations, however, some people tend to use only one form, e.g., *el/la cartero, el/la clérigo,* etc.

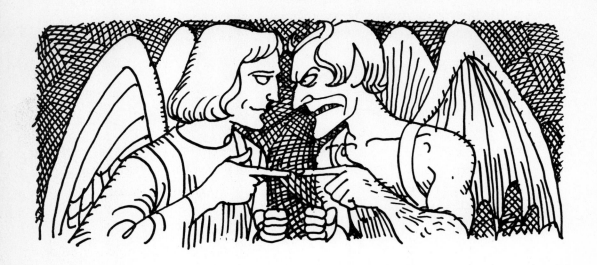

C. Soluciones no violentas

El conflicto siempre ha sido una parte de la vida humana, pero mucha gente piensa que no hay lugar para la violencia en el mundo de hoy. Puede haber una solución violenta para cada uno de los siguientes problemas estereotípicos—pero también hay muchas alternativas no violentas. ¿Cuál de las soluciones considera Ud. la mejor para cada problema? Esté preparado(a) para defender su punto de vista.

Imagínese que. . . .

1. Ud. quiere usar el coche de la familia el sábado, pero su hermano menor también lo quiere. En vez de pelear con él, Ud. puede. . . .

   ____ comprarle el uso del coche
   ____ usar el coche otro sábado
   ____ hablar con su hermano para ver si pueden ir juntos
   ____ ¿_____?

2. Ud. ha salido dos veces con una chica que le gusta muchísimo. Ahora descubre que su mejor amigo también ha salido con ella, y la ha invitado al baile de graduación. En vez de «matarlo», Ud. puede. . . .

   ____ hablar con ella para ver a quién prefiere
   ____ hablar con su amigo para ver quién tiene el interés más serio en la muchacha
   ____ invitar a la chica a otra función importante o romántica
   ____ ¿_____?

3. Ud. es un niño pequeño y su hermano mayor (también niño) quiere jugar con el juguete favorito de Ud. En vez de romperle el brazo, Ud. puede. . . .

_____ llamar a mamá
_____ dejarle el juguete y llorar
_____ proponer un intercambio de juguetes
_____ ¿_____?

4. Ud. va a una tienda donde hoy han bajado todos los precios. Todo está baratísimo y parece que todas las mujeres quieren comprar la misma cosa. En vez de gritar insultos a las otras 50 millones de mujeres, Ud. puede. . . .

_____ llegar muy temprano a la venta
_____ ir a tomar un café tranquilamente y volver después de las peleas
_____ decidir ir a casa y no gastar dinero
_____ ¿_____?

5. Ud. acaba de chocar con otro auto. Ud. y el otro conductor se ponen furiosos, porque cada uno cree que el otro causó el choque. Para evitar una solución más violenta que el choque, Ud. puede. . . .

_____ golpear (_strike_) el árbol más cercano en vez del otro conductor
_____ pensar fuertemente y repetidas veces: «No lo voy a matar, no lo voy a matar . . .»
_____ contar de uno a diez cien veces mientras espera la llegada de la policía
_____ ¿_____?

D. Padres e hijos

Según la entrevista con el Chacho, él y sus hijos tenían puntos de vista diferentes sobre algunos aspectos de la vida. ¿Cree Ud. que esta situación todavía existe entre padres e hijos? Esta actividad puede ayudarlo a encontrar una respuesta. Si quieren, Ud. y sus compañeros de clase pueden hacer la actividad como proyecto de toda la clase.

Primer paso: En el cuestionario que sigue, Ud. va a encontrar una serie de comentarios. Indique para cada uno:
a. si Ud. está de acuerdo
b. cómo cree que van a reaccionar los padres

Segundo paso: Léales los comentarios a algunos padres—los suyos, los de otras personas. Compare las respuestas que los padres dan más frecuentemente con las respuestas de Ud. ¿Sobre qué comentarios están de acuerdo los padres y Ud.?

Tercer paso: Ahora, compare las respuestas que los padres dieron en el *Segundo paso* con las respuestas que Ud. creía que iban a dar. ¿Cuántas veces dieron los padres la respuesta que Ud. esperaba? Puede anotarse un punto cada vez que ha sabido cómo iban a responder los padres. Cuente sus puntos y lea la interpretación que sigue al cuestionario para saber si en realidad Ud. comprende a los padres.

CUESTIONARIO

	Opiniones					
	Las mías				Las de los padres	
	Para mí		Para los padres			
	Sí	No	Sí	No	Sí	No
1. Se debe respetar lo tradicional.						
2. Los jóvenes de hoy son irresponsables.						
3. No se puede fiar (trust) en los mayores de 30 años.						
4. Lo más importante en la vida es el éxito económico.						
5. Las necesidades de toda la humanidad son más importantes que los intereses de cualquier país individual.						
6. La religión es muy importante en la vida.						
7. La conservación de nuestros recursos naturales es de muchísima importancia.						
8. Una buena educación es el pasaporte al futuro.						
9. Es importante casarse con alguien de la misma religión y del mismo grupo étnico.						
10. Las ideas rebeldes de los jóvenes son necesarias para el progreso.						
11. Se debe respetar el derecho del individuo a ser diferente.						
12. Cada individuo tiene el derecho de vivir en libertad.						

INTERPRETACIONES

9-12: ¡Fantástico! Es evidente que Ud. comprende bien a los padres. . . ¡o que tiene mucha percepción extrasensorial!

5- 8: Bueno, Ud. sabe mucho de los padres, pero hay mucho más que saber.

0- 4: Pobrecito. . . . ¿Ha considerado Ud. la posibilidad de tomar una clase sobre la psicología de los padres?

42   *El último de los gauchos*

Variaciones sobre el tema

1. Tal vez Ud. ha pensado en el trabajo que quiere hacer después de sus estudios. Imagínese que puede conseguir su trabajo «ideal». Piense en ese empleo y prepare un informe para sus compañeros. Incluya en su descripción una explicación de cómo ese trabajo puede afectar su modo de vivir.

2. La primera nota cultural dice que los gauchos eran mestizos que cuidaban del ganado en ciertas regiones de la Argentina y del Uruguay. También dice que ahora los gauchos prácticamente no existen. Haga Ud. una investigación para aprender más acerca de los gauchos, y prepare un informe basado en sus investigaciones.

3. Los gauchos vivían marginados (*alienated*) del resto de la sociedad de su época. Piense Ud. en algunos grupos modernos que viven relativamente marginados de la sociedad de hoy. ¿Cómo debe responder la sociedad a esta gente?

44   *En una cocina española*

4

En una cocina española

La ensaladilla rusa es un plato de la cocina° internacional adaptado en todos los lugares del mundo.
Es bonito de presentación, fácil de comer y no resulta caro.

cuisine

5   A pesar de° su nombre, no es de origen ruso;
su inventor fue un célebre cocinero francés, llevado
a la corte rusa en la época de los zares.° El plato se
popularizó pronto por todo el país y en seguida tras-
pasó° las fronteras rusas. Luego cada nación la
10 adaptó a su gusto, muchos, a causa de su nombre,
añadiéndole caviar y otros productos típicos de la

A . . . In spite of

Czars

crossed over

URSS,° con intento de hacerla más «rusa». Pero en realidad la ensaladilla rusa es mucho más sencilla y lleva una sola salsa, que se parece a la salsa
15 tártara aunque se llama mayonesa. La receta° que se presenta aquí es la de Benito Rúa, *Chef* (cocinero) del restaurante «El Cosaco», restaurante situado en la calle Alfonso VI, en el corazón del viejo Madrid.

USSR (URSS = Unión de Repúblicas Socialistas Soviéticas)

recipe

*   *   *

20 ENSALADILLA RUSA PARA SEIS PERSONAS

1. Se preparan todos los ingredientes. Dos pechugas° de pollo se hierven° con un poco de sal, una hoja de laurel,° una ramita de perejil° y unos pedacitos de cebolla.°

breasts (of fowl) / **se** . . . are boiled
hoja . . . bay leaf / parsley
pedacitos . . . little pieces of onion

25 2. Se cuecen° cuatro patatas grandes, cuatro zanahorias° grandes, cuatro nabos° pequeños y medio kilo de guisantes,° cada ingrediente en su propia cacerola.°

Se . . . Cook (lit., Are cooked)
carrots / turnips
peas
casserole dish

3. Mientras se cuecen las legumbres se hace la
30 mayonesa. Se mezclan dos yemas° de huevo, media cucharadita° de sal, y un pizco° de pimienta y una cucharada de mostaza.° Se añade poco a poco dos vasos grandes de aceite, y después un chorrito° de vinagre y dos cucharadas
35 de alcaparras muy picaditas.°

yolks
teaspoon / pinch
cucharada . . . tablespoon of mustard
splash
alcaparras . . . finely chopped capers

4. Las pechugas se deshuesan° y se pican° muy finitas después de quitarles la piel. Se pican también muy pequeñas las patatas, las zanahorias, los nabos y doscientos gramos de jamón York.°

se . . . are (de)boned / **se** . . . are chopped

jamón . . . processed ham

40 5. En una fuente honda° se mezcla bien la mayonesa con todos los demás ingredientes.

fuente . . . deep dish

6. Una vez mezclado todo, se pone en una fuente y se le da una forma bonita y uniforme. Se decora con tiritas° de pechuga, jamón y rodajitas°
45 de limón.

strips / thin slices

Adaptación de un artículo de *ABC* (Madrid)

CUATRO SECRETOS PARA HACER
UNA BUENA ENSALADILLA RUSA

—Las patatas, los nabos y las zanahorias deben cocerse
siempre con la piel y por separado para que conserven
50 todo su sabor.

—El aceite debe ser de girasol,° pues el de oliva da al   sunflower seed
plato un sabor demasiado fuerte y altera el sabor de
los demás ingredientes.

—La mayonesa—para que salga perfecta—debe hacerse
55 a mano o con la batidora° de mano, y no se debe   mixer
añadir la clara de los huevos.°   **clara** . . . egg white

—Las legumbres no deben hervirse demasiado. Al pin-
charlas° deben estar tiernas,° pero deben tener alguna   **Al** . . . When stuck with
consistencia.   a fork / tender

actividades

A.   ¿Comprende Ud.?

Para ver si Ud. ha entendido bien la lectura, conteste las siguientes preguntas.

1. ¿Cuál es el origen de la ensaladilla rusa?

2. ¿Dónde llegó a ser famosa la ensaladilla?

3. ¿Qué se hacía para hacer la ensaladilla más representativa de su nombre?

4. ¿Cómo es la ensaladilla rusa?

5. ¿De dónde viene la receta en la lectura?

6. ¿Qué ingredientes se cuecen con el pollo?

7. ¿Cuáles son las legumbres principales de la ensaladilla?

8. Después de cocer el pollo, ¿qué se le hace?

9. ¿Cuáles son los toques finales en la preparación de la ensaladilla?

B. El choque métrico

TABLA DE CONVERSIONES

Medidas de distancia

1 kilómetro = 1.000 metros = 0,62 milla*
1 metro = 100 centímetros = 39,4 pulgadas (*inches*)
1 centímetro = 0,39 pulgadas

Medidas de volumen

1 litro = 1.000 mililitros = 1,1 cuartos EE.UU.
medio litro = 500 mililitros
cuarto de litro = 250 mililitros

Medidas de peso

1 kilo(gramo) = 1.000 gramos = 2,2 libras (*pounds*)
medio kilo = 500 gramos = 1,1 libras
cuarto de kilo = 250 gramos = 0,55 libras

---

* In writing numbers, Spanish-speaking people use decimal points where we use commas, and commas where we use decimal points.

Primera parte: Las cantidades de los ingredientes de la ensaladilla rusa aparecen en forma métrica—gramos y kilos en vez de onzas y libras—porque en casi todos los países del mundo se emplea el sistema métrico de pesos y medidas. También en los Estados Unidos estamos aprendiendo poco a poco a usar este sistema. Para ver si Ud. lo entiende bien, seleccione la respuesta apropiada para cada una de las siguientes oraciones. Si la necesita, puede referirse a la *Tabla de conversiones.* (Las respuestas están al pie de la página.)

1. La estatua de la Libertad en Nueva York tiene _____ de alto.
   a. 25 centímetros
   b. 92 metros
   c. 784,3 kilómetros

2. Un galón de leche equivale a. . . .
   a. 7,2 litros
   b. 3,6 litros
   c. 1,8 litros

3. En el sistema métrico, una mujer puede tener las medidas. . . .
   a. 36-24-36 centímetros
   b. 90-60-90 centímetros
   c. 300-200-300 centímetros

4. Una cama tiene aproximadamente _____ de largo.
   a. 4,5 centímetros
   b. 2,0 metros
   c. 2,0 kilómetros

5. Cinco libras de azúcar equivalen a aproximadamente. . . .
   a. 2,3 kilos
   b. 5 kilos
   c. 25 gramos

Segunda parte: El cambio al sistema métrico va a afectar muchos aspectos de la vida diaria, aspectos que requieren el uso de pesos y medidas. ¿Hasta qué punto afectará esta conversión a la sociedad en general y a Ud. en lo personal? Haga Ud. una lista de los aspectos de la vida en general que pueden ser afectados por el sistema métrico, por ejemplo, la compra de la comida y la ropa, los deportes, etc. Después de hacer su lista, seleccione o añada los aspectos de la vida personal de Ud. que serán más afectados por este cambio.

1. b; 2. b; 3. b; 4. b; 5. a.

Respuestas

C. ¡Vamos a cocinar!

Un elemento esencial de cualquier receta es la lista de ingredientes y las cantidades. Por ejemplo, ésta es la lista para la ensaladilla rusa:

2	pechugas de pollo	2	yemas de huevos
	un poco de sal	½	cucharadita de sal
1	hoja de laurel	1	pizco de pimienta
1	ramita de perejil	1	cucharada de mostaza
	unos cascos de cebolla	1	chorrito de vinagre
½	kilo de guisantes frescos	2	cucharadas de alcaparras
4	nabos pequeños	2	vasos grandes de aceite
4	zanahorias grandes	200	gramos de jamón York
4	patatas grandes		rodajitas de limón

Piense Ud. en una receta favorita, de Ud. o de otra persona, y convierta las onzas y cuartos a gramos y litros (1 onza = 28,4 gramos; 1 cuarto = ,909 litros). Entonces presente su receta a la clase o a un grupo más pequeño de compañeros de clase—pero, ¡sin mencionar el nombre del plato! ¿Pueden adivinar lo que es?

D. En una agencia de empleo

Obviamente, a Benito Rúa le interesa su carrera de cocinero. Piense Ud. en un trabajo que le interese—puede ser verdadero o imaginario. Entonces, imagínese que Ud. va a una agencia de empleo en busca de un puesto en ese trabajo. Con un(a) compañero(a) de clase, conduzcan la entrevista que puede ocurrir en la agencia. Su compañero(a), como representante de la agencia de empleo, debe hacerle preguntas para ver si Ud. tiene los requisitos para el puesto. Debe contestar bien, para convencerle de que Ud. merece el empleo. Preparen su conversación y preséntensela al resto de la clase. Si quieren, pueden votar para decidir si Ud. merece el puesto. Naturalmente, su entrevista puede ser seria o cómica. Abajo hay un ejemplo de una entrevista seria.

EJEMPLO:

Ud.: —Busco un empleo como *barman*. ¿Tiene Ud. alguno?

Representante: —Sí, señor, pero primero, unas preguntas. ¿Qué edad tiene Ud.?

Ud.: —Tengo 27 años.

Representante: —Eso está bien. ¿Le gusta a Ud. hablar y estar con mucha gente?

Ud.: —Sí, claro, me gusta muchísimo. Tengo cinco años de experiencia y soy muy bueno para eso.

Representante: —¿Le molesta trabajar hasta muy tarde de la noche y, a veces, con gente que ha bebido bastante?

Ud.: —No, señor, no me molesta nada; y en efecto, me gusta dormir durante el día.

Representante: —¿A qué salario aspira y cuándo desea empezar a trabajar?

Ud.: —Pues, necesito ganar, por lo menos, cien dólares por semana, y me gustaría empezar lo más pronto posible.

Representante: —Muy bien, señor. Llene Ud. esta solicitud, y luego le daré el nombre de un bar que busca un *barman*.

Ud.: —Mil gracias, señor. Se lo agradezco muchísimo.

Variaciones sobre el tema

1. En su carrera como *chef* profesional, Benito Rúa ha aprendido a
   cocinar de tal manera que sus creaciones culinarias resultan obras
   de arte. ¿A Ud. le gustaría crear algo también—una comida, una
   máquina, una composición musical o quizá un nuevo mundo?
   ¿Cómo completaría la siguiente oración?

   «Si yo pudiera crear algo, _____

   _____

   porque _____

   _____ ».

2. En la preparación de una comida, uno tiene que seguir ciertos pasos
   ordenados para que el producto final salga bien. ¿Qué otros tipos de
   tareas requieren una secuencia de pasos si uno quiere hacerlas bien?
   Piense en algo que Ud. sabe hacer bien y presente una demostración
   en la cual Ud. muestra cómo se hace ese «algo». Use cualquier clase
   de apoyos (*props*) necesarios.

3. Hoy día existen dos puntos de vista en cuanto a la comida. Por una
   parte hay muchas personas que prefieren la conveniencia de las
   comidas al instante y que no se preocupan tanto por la calidad de
   lo que comen. Por otra parte, hay la gente que prefiere la comida
   fresca y natural, aunque no siempre sea conveniente o económica.
   ¿Cuál es la posición de Ud. con respecto a este debate?

«Corazones» por todas partes

5

« Corazones » por todas partes

¿Cómo reacciona Ud. frente a° las costumbres diferentes de otros países? Lea esta selección para saber la reacción de un español hacia una costumbre que conoció después de llegar a los Estados
5 Unidos. Este artículo apareció en una revista editada en Nueva York para residentes de los Estados Unidos que hablan español.

frente . . . when faced with

* * *

Pues bien . . . aunque les parezca mentira, lo que les voy a contar es absolutamente cierto. La
10 fiesta de San Valentín no se conoce en Hispanoamérica ni en España. En estos países no hay un solo día de la semana sin festividades religiosas y procesiones, pero el bueno de San Valentín° se pierde en la soledad° y el olvido.° Sin embargo,
15 aquí en los Estados Unidos—que es el único país que lo reconoce—se le celebra con gran entusiasmo.[1]

el . . . "good old St. Valentine"
solitude / oblivion

A muchos de Uds., que están recién llegados a América,[2] les sorprenderá ver durante este mes de febrero «corazones» por todas partes, todos ellos en honor de San Valentín, el Santo Patrón de los enamorados (día 14 de febrero). Yo mismo confieso que no sabía mucho de él; pero gracias a mi madre, la periodista española Carmen Iglesias-Hermida, pude informarme por una crónica que ella publicó en Madrid hace tiempo:

El origen de este Santo data del siglo nueve en Roma. Unos siglos antes, un decreto del emperador Claudio había prohibido el matrimonio de los militares porque así serían buenos soldados. Pero en el siglo nueve ese decreto fue roto por San Valentín, permitiendo el matrimonio entre los soldados y sus novias y convirtiéndose el Santo en el protector de los enamorados.

¿Cómo llegó la festividad hasta América, único país que la celebra? Esto todavía está envuelto° en el mayor misterio. De todos modos, la fiesta de San Valentín es una ocasión muy oportuna para enviar a «la dama de sus pensamientos» una tarjetita° con su corazón. Ese día las jóvenes muy bonitas reúnen docenas de tarjetas y los chicos tímidos tienen la oportunidad de poder descubrir sus sentimientos a su elegida.° Otra cosa muy aceptable: las chicas pueden tomar la iniciativa y enviar «su corazón» en una carta. Muchos solteros de mal genio° reciben como broma° muchos *Valentines* que causan la diversión y el asombro° de los demás.

Y ahora . . . les dejo . . . sólo me queda decir a alguna bonita Patricia de ojos azules, o a alguna Carmencita de grandes ojos castaños,° o a una Mary-Rose de cabellos rojos . . . ¿Quieres ser mi Valentín? En una palabra . . . ¿Quieres ser mi novia?[3]

Adaptación de un artículo de *Hispano* (Nueva York) por Alejandro Nivón-Iglesias

cloaked (lit., wrapped)

little card

descubrir . . . reveal their sentiments to their chosen ones

solteros . . . ill-humored bachelors / joke / astonishment

brown

Notas culturales y lingüísticas

1. Aunque el 14 de febrero (Fiesta de San Valentín) no se celebra en los países de habla española, en varios de estos países se celebran otras fechas llamadas «Día de los Enamorados».

2. El autor de este artículo emplea aquí la palabra *América* para referirse a los Estados Unidos. Sin embargo, generalmente se usa *América* para referirse al Nuevo Mundo en general. Por eso, si le dice a un español que Ud. es *americano*, muchas veces él le va a preguntar, «¿De qué país?» Una palabra más específica para los residentes de los Estados Unidos, y una que probablemente no va a ofender a nuestros vecinos hispanoamericanos, es *norteamericano*. Aunque esa palabra tampoco es exacta—los canadienses y los mexicanos también viven en Norteamérica—el mundo de habla española suele emplearla° para evitar *estadounidense*.

   suele . . . usually employs it (lit., **soler** = to be in the habit of)

3. Las palabras *novio* y *novia* no son equivalentes a las palabras inglesas *sweetheart*, *boyfriend* o *girlfriend*. Cuando un joven dice que tiene una novia eso quiere decir que ellos tienen una relación muy seria y que están considerando el matrimonio. El concepto de *boyfriend* o *girlfriend* no se puede expresar con exactitud en español porque el fenómeno de tener varios *steadies* antes de casarse casi no existe en los países de habla española. Por eso, los que hablan español suelen decir simplemente *amigo* o *amiga* cuando su relación con la otra persona no es bastante seria para justificar el uso de *novio* o *novia*.

actividades

A. ¿Comprende Ud.?

Primera parte: **Para ver si Ud. ha entendido bien la lectura, conteste las siguientes preguntas.**

1. ¿Por qué es curioso que no se celebre la fiesta de San Valentín en Hispanoamérica ni en España?

2. ¿Cómo aprendió el autor la historia de San Valentín?

3. ¿Cómo llegó San Valentín a ser el protector de los enamorados?

4. Según la lectura, ¿cómo se celebra la fiesta de San Valentín en los Estados Unidos?

5. ¿Por qué les mandan algunas chicas muchos *Valentines* a los solteros de mal genio?

6. ¿Cómo va a celebrar el autor la fiesta de San Valentín?

Segunda parte: **Conteste las siguientes preguntas para expresar sus opiniones sobre la lectura.**

1. Muchas personas creen que el día de San Valentín tiene detalles (*details, aspects*) muy simpáticos. ¿Lo cree Ud. también? Explíquese.

2. ¿Piensa Ud. que se debe celebrar la fiesta de San Valentín en otros países? ¿Por qué sí o por qué no?

3. ¿Piensa Ud. que los soldados de hoy deben ser solteros? ¿Por qué sí o por qué no?

B. ¿Qué fiesta es?

Primera parte: Trate Ud. de identificar los días de fiesta mencionados abajo por las descripciones que los siguen. (Las respuestas están al pie de la página 61.)

1. las Navidades
2. la Pascua
3. el Día de Gracias
4. las Fiestas de San Fermín
5. el Año Nuevo
6. la Fiesta de San Patricio
7. el Día de la Independencia de los Estados Unidos

a. Esta celebración ocurre cada julio en un pueblo del norte de España. Allí llegan muchos extranjeros y españoles para participar en diversas actividades que incluyen, sobre todo, el encierro (*running;* lit., *enclosing*) de los toros.

b. Para celebrar esta fiesta en los Estados Unidos mucha gente se prepara una comida grande y se la lleva al campo, a un lago, o a un parque de recreo. También los municipios hacen celebraciones en forma de desfiles y fuegos artificiales (*parades and fireworks*).

c. Esta fiesta se celebra por todas partes del mundo, pero de maneras distintas. En los Estados Unidos, por ejemplo, los regalos para los niños son una gran parte de esta celebración. En México, las «posadas» forman una parte muy importante de ella. Los niños mexicanos también reciben regalos, pero en sus zapatos y doce días más tarde: el «día de los Reyes (Magos)». En todas partes, el recuerdo del nacimiento del Niño es lo importante.

d. En España se celebra esta fiesta comiéndose doce uvas mientras el reloj da la medianoche. Y en los Estados Unidos, al próximo día, la gente come un plato especial con la esperanza de tener buena suerte durante el año que viene.

e. Esta celebración se conoce en todas partes de los Estados Unidos, pero se le da más importancia en algunas de las ciudades grandes como Chicago, Boston y Nueva York donde tienen lugar grandes desfiles. Si Ud. es pelirrojo (redhead) y lleva ese día algo de color verde, entonces ese día sí que es el suyo.

f. Esta fiesta religiosa es de suma (*utmost*) importancia para los de la fe cristiana. Ocurre cada primavera. En España, sobre todo en la ciudad de Sevilla, se hacen grandes desfiles religiosos que tienen fama por todas partes. En los Estados Unidos, no se hacen muchos desfiles; se observa el día participando en actividades religiosas que muchas veces empiezan al amanecer (*at dawn*).

g. Este día se observa en el otoño y sólo en los Estados Unidos y en el Canadá. Es un día tranquilo caracterizado por una comida enorme, la intimidad familiar y un sentimiento de gratitud.

Segunda parte: **Ahora, considere estas preguntas:**

—¿De cuáles de estas fiestas no sabía Ud. nada?

—¿Ha aprendido Ud. algo nuevo sobre algunas de ellas? ¿Sobre cuáles?

—Entre las fiestas que Ud. ha celebrado, ¿cuáles prefiere? ¿Por qué? ¿Cómo las celebra?

—¿En su familia se celebran algunas fiestas distintas? ¿Cuáles?

1. c; 2. f; 3. g; 4. a; 5. d; 6. e; 7. b.

Respuestas

C. Situaciones

Ud. y sus compañeros de clase pueden divertirse mucho cuando se imaginan lo que puede pasar en situaciones «clásicas» de amor como las siguientes. Con uno(a) o dos compañeros(as) de clase, seleccione una de las situaciones y preparen una conversación basada en ella.

1. *Personajes:* Un joven de 17 años y una chica de la misma edad.
   Situación: El chico va a invitar a la chica a un baile. Es la primera vez que él ha invitado a una chica a salir con él y por eso está muy nervioso. La chica a quien quiere invitar ya es muy sofisticada para la edad.

2. *Personajes:* Una pareja (*pair, couple*) de novios y la ex-novia.
   Situación: Los novios están en un restaurante cuando entra la ex-novia del joven. Ella lo saluda muy amablemente. La novia de ahora se pone furiosísima.

3. *Personajes:* Un joven y el padre de su novia.
   Situación: El joven ha venido para pedirle al padre la mano de su hija. El padre tiene reservas sobre el matrimonio porque ha oído decir que el chico tiene fama de mujeriego (*woman-chaser*).

D. La poesía y el amor

El tema del amor siempre ha inspirado gran poesía. Ud. también puede ser poeta y expresar en español sentimientos amorosos si sigue esta fórmula sencilla:

1. Primer verso: Indicar el tema de su poesía de la manera más sencilla.
2. Segundo verso: Describir el tema.
3. Tercer verso: Describir una acción del tema.
4. Cuatro verso: O describir otra acción o expresar la emoción que Ud. siente hacia lo que ha dicho en el verso número tres.
5. Quinto verso: Indicar otra vez el tema pero con palabras que reflejan lo que Ud. ha dicho en los versos uno a cuatro.

Mujer
Hermosa, perfecta
Me inspiras poesía
Mientras tus amigos me causan celos
¡amor! ¡Sufrimiento! ... ¡Vida!

❖❖❖❖❖❖❖

Frustración
Horrible, mala
¿Por qué me persigues?
¿No quieres dejarme en paz?
Bestia del amor.

E.   ¿Quieres salir conmigo?

Aunque el amor es un sentimiento universal, la manera en que los hombres y las mujeres llegan a conocerse es diferente de una cultura a otra. Antes de leer la conversación abajo, piense Ud. en lo que ha oído o leído sobre las costumbres del proceso amoroso (*courtship and marriage, dating*) en España. Entonces trate de responder a las siguientes preguntas según la información que ya tiene. Compare sus opiniones con las de sus compañeros de clase.

—En España ¿puede una pareja de jóvenes salir sin ser acompañados?
—¿Qué hacen los jóvenes españoles para divertirse?
—¿Son muy estrictos los padres españoles con sus hijas? ¿Con sus hijos?

Ahora, lea Ud. con cuidado la siguiente escena (scene):

Allen es un estudiante norteamericano que ha venido a España para pasar un mes viviendo con una familia y estudiando. Hace sólo tres días que llegó, y lo vemos ahora hablando con Elena, una chica española a quien conoció el primer día. Están en la terraza de un café con otros amigos.

Allen: —¿Quieres ir al cine conmigo el viernes?

Elena: —Pues, sí, me gustaría. Es una película muy buena, se dice.

Allen: —Estupendo. Voy a buscarte a las siete. ¿Quién irá con nosotros?

Elena: —Pues, ¿qué sé yo? Tal vez Manoli, o José Luis y Alicia. ¿Se lo has mencionado a ellos?

Allen: —Pues, no, es que, la verdad . . . bueno . . . yo creía que tendría que ir una persona mayor de acompañante.

Elena: —¡No, tonto! Yo nunca he salido con acompañante.

Allen: —¿De veras? Pues, ¡muy bien! Entonces, te voy a buscar a las siete y vamos al cine, y luego iremos a una discoteca para bailar y tomar algo, y entonces . . .

Elena: —(interrumpiéndolo) ¡Espérate! No vengas a mi casa. Te espero aquí en la terraza a las siete e iremos todos juntos.

Allen: —Está bien, como quieras. Y entonces tú y yo podemos ir a bailar, ¿no?

Elena: —No. Tengo que estar en casa para cenar a las diez y media. Tal vez otra noche.

Allen: —Bueno, tal vez . . . (¡pero lo dudo!)

Ahora, vuelva Ud. a considerar la conversación que Ud. y sus compañeros han tenido sobre las costumbres del proceso amoroso en España.

—¿Da este diálogo la misma información que Ud. tenía antes?

—¿Qué cosa nueva ha aprendido Ud. del diálogo?

—¿Hay alguna situación en el diálogo que le sorprende? ¿Cuál? ¿Por qué le sorprende?

—Según la información dada en el diálogo, ¿son iguales las costumbres del proceso amoroso en España y en los Estados Unidos? ¿En qué son similares? ¿En qué son diferentes?

Variaciones sobre el tema

1. En la lectura sobre San Valentín hemos aprendido que él se hizo famoso porque les permitió casarse a los soldados. Su decisión afectó las vidas de muchas personas. Piense Ud. en algunas decisiones recientes en su casa, en su escuela, en su comunidad o en la nación.

   —¿Cuáles son estas decisiones?

   —¿A quiénes han afectado?

   —¿Cómo los han afectado?

   —¿Está Ud. de acuerdo con las decisiones o no? Explique su punto de vista personal.

   Ahora, piense en algunas decisiones que deben tomarse en el futuro.

   —Cuáles son estas decisiones?

   —¿Quién debe tomarlas (su padre, su profesor, el presidente, etc.)?

   —¿Por qué deben tomarse estas decisiones?

   —¿A quiénes van a afectar?

2. No se sabe cómo llegó la festividad de San Valentín hasta los Estados Unidos. Como nos dice el autor del artículo: «Esto está todavía envuelto en el mayor misterio». Piense Ud. en algún día de fiesta que le guste. Entonces, trate de descubrir sus orígenes. Después de su investigación, prepare un breve informe en español que Ud. puede presentarles a sus compañeros de clase.

La solidaridad humana

6

La solidaridad humana

A pesar de° las muchas diferencias que hay entre culturas, también hay muchos valores que éstas tienen en común. Entre los valores que comparten° casi todas las culturas se encuentra una preocu-
5 pación por las demás personas,° una preocupación por su bienestar.° El porqué° de todo esto es muy sencillo: por lo general, el ser humano no quiere vivir toda su vida ensimismado.° El preocuparse por los demás aumenta nuestro sentido de valor per-
10 sonal y también nos da una razón de ser.° Y como han dicho los filósofos, el hombre es, por naturaleza, un animal social.

   Al leer los siguientes anuncios españoles, Ud. verá unos reflejos de la solidaridad humana . . .
15 una solidaridad que no conoce ni país ni lenguaje.

* * *

A . . . In spite of

share, have in common

las . . . others
well-being / reason

self-centered

razón . . . reason for being

67

Si tiene dos horas para aplaudir a su equipo ¿ no tendrá 15 minutos para salvar una vida?

Todos los días, cientos de personas necesitan transfusiones de sangre para poder seguir jugando el partido más importante: el de la propia vida. Ud. puede ayudar a estas personas para que ganen el partido, dando un poco de la sangre que a Ud. le sobra.°

que . . . that you have in excess
facts

Considere estos datos° y luego Ud. decida:

—El 2% (dos por ciento) de los recién nacidos° tienen problema de factor RH. Es decir, todos los días, muchos niños necesitan, para poder salvarse, un cambio casi completo de su sangre.

recién . . . newborns

— Y cuántas madres necesitan transfusión para reponer° la sangre perdida?

replace

— Y cuántas víctimas de accidentes de tráfico y de trabajo?

La sangre no se puede fabricar. Tiene que provenir° de personas sanas° que quieran donarla para tan humanitario fin.°

come from
healthy
tan . . . such a humanitarian purpose (lit., fin = end)

Para ser donante de sangre hay que tener más de 18 años (los menores de 21 con autorización paterna) y menos de 60, y gozar de buena salud.

Y ser, naturalmente, rico en humanidad.

Dar sangre a tiempo es darla ahora.

Hermandad de Donantes de Sangre de la Seguridad Social

¿Cúanto pueden valer° unos ojos?

Hay cosas que no pueden comprarse con dinero.
Los ojos, la felicidad, la vida… Ud. puede dar a un ciego todo esto, donando sus ojos hoy, para cuando ya no los necesite.
El Banco Español de Ojos no le pagará nada por ellos, pero tampoco cobrará° nada a la persona que los reciba. Sus ojos serán utilizados siempre gratuitamente.°
Lo único que Ud. recibirá es el agradecimiento° de alguien que conocerá la vida gracias a su gesto.°

be worth

free of charge

thanks

act (lit., gesture)

will charge, collect

Hágase donante del BANCO ESPAÑOL DE OJOS

¡¡LLÁMENOS!! Banco Español de Ojos
Tel: 733 16 00/04

Fundación General Mediterránea
Tel: 225 93 95

Salve la vida
a un niño
por 400 pesetas

Por algo más de una peseta al día Ud. puede hacerse amigo de millones de niños, amigo de UNICEF; ese dinero de Ud. es el único con que cuenta°

UNICEF para salvar vidas de niños. Esto no es dramatizar por dramatizar,° ni cuestión de sentimentalismo. Es un problema de solidaridad humana.

counts on

por . . . for the sake of dramatizing

UNICEF
Fondo° de las Naciones Unidas para la Infancia
Joaquín Costa, n.° 61
Madrid, 6
Ruego me remitan° mayor información sobre UNICEF.

Nombre _____
Dirección _____
Ciudad Distrito° _____
Teléfono _____

Toda la publicidad de UNICEF ha sido realizada° de modo gratuito tanto.

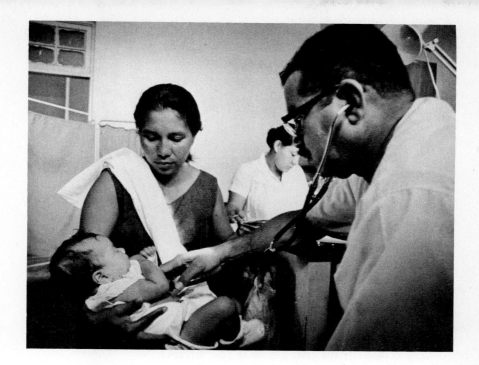

actividades

A. ¿Comprende Ud.?

Primera parte: **Para ver si Ud. ha entendido bien la lectura, conteste las siguientes preguntas.**

1. ¿Por qué necesitan muchos bebés una transfusión de sangre?
2. ¿A qué otras personas les hace falta la sangre?
3. Según el primer anuncio, ¿quién puede donar sangre?
4. ¿Cuánto dinero puede cobrar un donante de ojos?
5. ¿Es caro recibir los ojos de otra persona?
6. Según este anuncio, ¿cuál es el valor de los ojos?
7. ¿Cuál es el propósito mayor de UNICEF?

Segunda parte: **Conteste las siguientes preguntas para expresar sus opiniones sobre la lectura.**

1. ¿Qué anuncio le llama más la atención a Ud.? ¿Por qué?
2. ¿A qué anuncio respondería Ud.? ¿Por qué?

B. ¿Cómo nos ayudamos los unos a los otros?

¿Qué cosas puede hacer cada una de las personas siguientes para ayudar a otras personas? ¿Cómo puede cada una de ellas usar su posición o sus habilidades especiales para ayudar a los demás?

EJEMPLO: Un abuelo puede leerles cuentos a sus nietos, puede darles dinero, puede jugar con ellos, puede pasear con ellos, etc.

1. Un(a) niño(a). . . .

2. Un(a) secretario(a). . . .

3. Un(a) empleado(a) de la Cruz Roja. . . .

4. Un(a) empleado(a) de una tienda. . . .

5. Un(a) trabajador(a) social. . . .

6. Un(a) clérigo*. . . .

7. Un(a) profesor(a). . . .

8. Un(a) periodista. . . .

9. Un(a) empleado(a) de una gasolinera. . . .

10. Un(a) cartero*. . . .

11. ¿————?

---

* See note on page 37.

C. Observen Uds.

Primera parte: Observe durante un día a varias personas y prepare una lista de las cosas que hacen para ayudar a los demás. A lo mejor Ud. y sus compañeros querrán comparar lo que han descubierto. ¿Hay algunas diferencias o semejanzas en lo que han encontrado?

EJEMPLOS:

a. El conductor del autobús esperó dos minutos a una señora anciana.
b. Mi hermanita me abrió la puerta cuando yo llevaba muchos paquetes.
c. Mi amigo dio dinero a una organización para huérfanos (*orphans*).

Segunda parte: Hay muchas maneras de ayudar a los demás. Por ejemplo, un joven puede volver temprano a casa para que sus padres no se preocupen. O un artista puede pintar un retrato que les da placer a otras personas. ¿Qué otras cosas se pueden hacer para contribuir al bienestar de los demás?

D. El humanitarista del año

Imagínese que el periódico de su ciudad está organizando un certamen (*contest*) para elegir al humanitarista del año. El premio de $1.000,00 se concederá (*will be awarded*) a base de lo que esta persona hace o ha hecho para el bienestar de los demás. Abajo hay un formulario que Ud. puede completar para nominar a alguien. Después de preparar su nominación, Ud. y algunos de sus compañeros pueden discutir las cualidades de sus candidatos. Luego, si quieren, pueden votar y conceder el premio.

EL HUMANITARISTA DEL AÑO

Quisiera proponer la candidatura de _____

_____ como Humanitarista del Año.

Razones: _____

_____

_____

_____

Fecha _____ Firma _____

E. ¿Tenemos una responsabilidad?

¿Cómo reaccionaría Ud. en cada una de las siguientes situaciones? ¿Tendría alguna responsabilidad social o moral? ¿Haría algo? ¿Qué?

1. Ud. está paseando en el centro de la ciudad y observa a un hombre pegándole (*striking*) a otro hombre de una manera brutal.

2. Ud. está en el servicio (*rest room*) en un restaurante y ve a una persona que empieza a suicidarse.

3. Ud. es doctor(a)/enfermero(a). Mientras está conduciendo, ve un accidente de cuatro autos. Resulta que hay muchas personas heridas.

4. Su mejor amigo(a) le ha dicho que va a hacerse miembro(a) de una organización que está tratando de liberar a algún país pequeño y sin defensas de otro más grande. Esta organización es conocida por el uso del terrorismo para alcanzar (*obtain*) sus objetivos.

5. Es un día agradable y Ud. está paseando en coche, gozando del campo. De repente ve a un hombre que se está ahogando en un río no muy lejos del camino. Ud. recuerda que tiene una cuerda (*rope*) larga y fuerte en el coche.

6. Alguien está llamando violentamente a la puerta de Ud. Esta persona le ruega a Ud. que le deje entrar porque alguien le está persiguiendo (*following*).

Variaciones sobre el tema

1. Piense Ud. en algún problema que existe hoy. Entonces, prepare un anuncio que pueda ayudar a resolverlo. El anuncio puede ser serio o humorístico, y en relación con problemas que afectan a un individuo o a toda una sociedad.

2. Vamos a suponer que Ud. no intervino en algunas de las situaciones en la Actividad E, y que le ocurrió algún daño a la otra persona. Con algunos de sus compañeros de clase, escoja Ud. una de estas situaciones. En forma de debate o de juicio forense (*trial*), decidan si Ud. es culpable por no haber intervenido. Si Uds. prefieren el formato del juicio forense, deben asignar los siguientes papeles (*roles*):

juez*	judge
jurado*	jury, juror
acusado(a)	defendant
defensor(a)	defense attorney
fiscal*	prosecution attorney
testigo*	witness

En cualquier caso—debate o juicio forense—, Uds. tendrán que gastar algún tiempo planeando estrategias y organizando ideas.

---

* At present there is considerable vacillation in the noun forms used to refer to professions (see note on page 37). Although nouns of profession usually reflect the gender of the person, some people prefer to use the traditional masculine forms: *el/la juez; el/la jurado; el/la testigo; el/la fiscal.*

7

Los deseos

Había un matrimonio° anciano y pobre que había pasado toda la vida trabajando y cuidando su pequeña hacienda.¹ Una noche de invierno el marido y su mujer estaban sentados junto al fuego° de su
5 tranquilo hogar.° En vez de apreciar lo que tenían y la paz que gozaban, comentaban las cosas que tenían otros, deseando poseerlas también.

    —¡Si yo, decía el viejo, —tuviera el rancho de nuestro vecino Francisco en vez de mi pequeño te-
10 rreno,° que es de mala calidad!°

    —¡Y si yo, decía la mujer, —en vez de esta casa vieja tuviera la de nuestra vecina, que está nueva y es más bonita que la nuestra!

married couple

junto . . . next to the fire
home

land / quality

—¡Y si yo, continuaba el marido, —en vez de
¹⁵ nuestro burro medio muerto tuviera el caballo de
Francisco!

—¡Y si yo, añadía la mujer, —tuviera los vestidos de la vecina, tan nuevos y tan finos! Ella sí
posee todo lo que desea. ¡Ojalá que tuviera yo
²⁰ suerte igual!

Cuando terminaron de decir estas palabras,
vieron que bajaba por la chimenea una mujer
hermosísima. Traía, como una reina, una corona°   crown
de oro en la cabeza. Estaba cubierta de una túnica
²⁵ blanquísima y un velo° transparente que brillaba   veil
como el sol. En la mano tenía una varita° de oro   little wand
con un brillante rubí.

—Soy el hada Fortuna,° les dijo. —Pasaba por   hada . . . good fairy (lit.,
aquí y he oído vuestras² quejas.° Vengo a conce-   **fortuna** = fortune, luck)
³⁰ deros°² la realización de tres deseos: uno a ti, dijo   complaints
a la mujer; —otro a ti, dijo al marido; —y el tercero   grant you
debe ser mutuo. Concederé este último deseo en
persona mañana a esta hora. Hasta entonces te-
néis² tiempo para pensar cuál va a ser el tercer
³⁵ deseo.

Después la bella hada se convirtió en una nube
de humo° y despareció por la chimenea.   nube . . . cloud of smoke

Uds. pueden imaginar la alegría del buen matrimonio y el número de deseos que vinieron a su
⁴⁰ mente. Tenían ganas de pedir tantas cosas que decidieron dejar la elección definitiva para la mañana
siguiente. Al poco rato,° empezaron otra vez la con-   **Al** . . . Soon afterwards
versación sobre sus afortunados vecinos.

—Hoy estuve allí, dijo el marido. —Estaban ha-
⁴⁵ ciendo unos chorizos.° ¡Pero qué chorizos! Daba   type of Spanish sausage
gusto verlos.

—¡Ay, si tuviera uno de ellos aquí para asarlo°   to roast it
y comerlo!, contestó la mujer.

Apenas° dijo esto la vieja, cuando apareció   As soon as, Scarcely
⁵⁰ sobre el fuego el chorizo más hermoso que hubo,
hay y habrá en el mundo. La mujer se quedó

mirándolo con la boca abierta y los ojos asombra-
dos.° Pero el marido se levantó desesperado.° Fu- astonished / desperate
rioso, daba vueltas por el cuarto gritando:
55 —¿Ves? ¡Ya se ha perdido uno de los deseos
por ser tú tan impulsiva y tan comilona!° ¡Qué mujer gluttonous, hoggish
tan tonta! ¡Ojalá se te pegara° el chorizo en las na- were stuck
rices!³

Inmediatamente saltó el chorizo y quedó col-
60 gado° de la nariz de la mujer. hanging (lit., hung)

Ahora es el viejo quien queda asombrado y la
vieja quien se pone furiosa.

—¡Buen negocio hiciste,° malhablado!,° ex- Buen . . . Now you've done it! /
clamó la mujer, tratando inútilmente de quitarse el wiseguy (lit., foul mouthed)
65 apéndice° de la nariz. —Si yo empleé mal mi deseo, extension (lit., appendix)
al menos fue en mi propio perjuicio° y no en el tuyo; detriment
pero tú lo pagarás, pues nada deseo ni nada de-
searé sino que se me quite el chorizo de las narices.

—¡Mujer, por Dios! ¿Y el rancho?
70 —¡Nada!

—¡Mujer, por Dios! ¿Y la casa?

—¡Nada!

—Desearemos una mina, cariño,° y te haré dear
una cubierta° de oro para el chorizo. cover
75 —De ninguna manera.

—Entonces, ¿nos vamos a quedar como está-
bamos?

—Este es mi deseo.

El marido siguió rogando, pero no consiguió
80 nada de su mujer, que estaba aún más desespe-
rada con su doble nariz.

Cuando vino el hada a la noche siguiente y le
dijeron cuál era su último deseo, ella les dijo:

—Ahora veis² qué ciegos e ignorantes son los
85 hombres: creen que la felicidad se encuentra en la
satisfacción de sus deseos.

Adaptación de un cuento de Fernán Caballero (España), 1796-1877

Notas culturales y lingüísticas

1. En España, la palabra *hacienda* se refiere a la palabra inglesa, *farm*; puede ser de cualquier tamaño. En la América Latina, una hacienda es un *ranch* grande y próspero.

2. En casi todas partes de España, se emplea **vosotros** en vez de **ustedes** para la forma plural de **tú.** **Vosotros** tiene sus propias formas verbales, adjetivos posesivos y pronombres complementarios:

   vuestra   *your* (vuestro, -a, -os, -as)
   os   *to you* (como en **concederos; os** = pronombre directo, indirecto y reflexivo)
   tenéis   *you (plural) have*
   veis   *you (plural) see*

3. Se puede emplear la palabra **nariz** en plural si se habla con mucha emoción, sobre todo si se implica mala intención:

   Te voy a dar un golpe en las narices.

   Cuando se trata de una narración o descripción en la cual se narra objetivamente una ocurrencia, se usa la forma singular, **nariz**:

   Alguien le dió un golpe en la nariz.

actividades

A.   ¿Comprende Ud.?

Primera parte: Para ver si Ud. ha entendido bien la lectura, decida si las siguientes oraciones son verdaderas o falsas. Si una oración es falsa, corríjala y añada más información.

1. Los viejos estaban muy contentos con su vida tranquila en el campo.

2. Cuando llegó el hada Fortuna, los viejos estaban comentando y deseando las posesiones de los vecinos.

3. El hada Fortuna entró y salió por la ventana.

4. Los viejos se pusieron muy tristes cuando supieron que tenían sólo tres deseos.

5. El matrimonio sabía cuáles serían sus tres deseos poco después de desaparecer el hada.

6. Los viejos decidieron pedir un chorizo grande como el de sus vecinos.

7. Ellos gastaron mal los dos primeros deseos porque hablaron antes de pensar.

8. Se le concedió el tercer deseo al marido.

9. Lo único que recibió el matrimonio fue una mina de oro.

10. El hada sabía que los viejos no iban a estar contentos después de malgastar sus tres deseos.

Segunda parte: Conteste las siguientes preguntas para expresar sus opiniones sobre la lectura.

1. ¿Cree Ud. que el tipo de avaricia en este cuento es exclusivo de los pobres? Explíquese.

2. En su opinión, ¿es común el fenómeno de desear alguna posesión de otra persona? ¿Le ha ocurrido a Ud. alguna vez? Explíquese si quiere.

3. En la época de este cuento, la vida en general era más sencilla y lenta. ¿Preferiría Ud. vivir en aquella época? Explíquese.

B. Cuentos y refranes

Cuentos como *Los deseos* frecuentemente terminan con una moraleja que ofrece consejo. Sin embargo, los refranes (*proverbs, sayings*) expresan conceptos aceptados de la tradición común de las gentes. Cada uno de los siguientes cuentecitos ilustra un refrán español. Después de leer los cuentos, identifique los refranes correspondientes. Las respuestas se encuentran al final de esta actividad.

Cuentos

1. María Teresa es la novia de José Luis, pero no es muy evidente: una vez a la semana ella va al cine con Ramón, el mejor amigo de José Luis. José Luis descubre la decepción y se pone muy triste.

2. Cuando Roberto era niño, sus padres siempre le daban todo. Cuando salió de la escuela y empezó a trabajar, compró un coche nuevo y mucha ropa. Ahora tiene tres coches, cantidades de ropa elegante y una casa con piscina. Sin embargo no está contento, porque ahora quiere un establo de caballos.

3. Jorge quiere ir al gran baile pero está seguro que nadie quiere acompañarlo. Sus amigos le dicen que por lo menos debe llamar a alguien. Por fin, invita a Pilar, que acepta inmediatamente.

4. Susana se encuentra con un grupo de estudiantes en la calle, y empieza a hablar mal de Gloria, una nueva estudiante de su clase. Después, Susana descubre que uno de los chicos del grupo es muy amigo de Gloria.

Refranes

a. Oye primero y habla después.
b. Quien más tiene más quiere.
c. Donde hay amor hay dolor.
d. Quien busca, encuentra.

Respuestas
1-c; 2-b; 3-d; 4-a.

1. Más vale pájaro en mano que cien volando.

2. Quien mucho duerme, poco aprende.

3. En boca cerrada no entran moscas.

4. Antes que te cases, mira lo que haces.

5. De la mano a la boca, se pierde la sopa.

6. Del dicho al hecho hay gran trecho.

7. Más vale estar solo que mal acompañado.

8. En tierra de ciegos el tuerto es rey.

9. Dime con quién andas y te diré quién eres.

10. Poco a poco se va lejos.

C. Deseos para otros

Si Ud., pudiera desear algo para su familia, su mejor amigo(a), su profesor(a), etcétera, ¿qué desearía? ¿Por qué? El siguiente modelo puede ayudarle a formular sus ideas.

Si pudiera desear algo para mi _____ ,
desearía _____
porque _____ .

D. Ud. es Walter Cronkite

Fernán Caballero (seudónimo masculino de Cecilia Böhl de Faber, autora de
Los deseos) nos ha contado un cuento desde el punto de vista de un espectador.
Pero es posible que cada personaje perciba el cuento desde una perspectiva
diferente. Con un(a) compañero(a) de clase, escoja un personaje del cuento que
será entrevistado por Walter Cronkite. La entrevista debe mostrar el punto de
vista del personaje del cuento.

E. Dinero y decisiones

Imagínese que la clase tiene una cantidad enorme de dinero y que el dinero
sirve para comprar cualquier cosa . . . si todos pueden ponerse de acuerdo.
¿Podrán Uds. llegar a un acuerdo sobre las cosas que quieren comprar? Sigan
los siguientes pasos para saberlo:
1. Piense en cada posibilidad abajo e indique con los números 1 a 5 lo importante que sería cada una para Ud. (5 = máxima importancia).
2. Discuta sus preferencias con un grupo pequeño de compañeros. Escojan
   Uds. cinco cosas que todos quieren comprar.
3. Comparen sus deseos con los de los otros grupos, y discútanlos hasta que
   todos lleguen a un acuerdo sobre las tres cosas que van a comprar.

* * *

____ 1. Una oportunidad de eliminar todos los prejuicios en el mundo

____ 2. Una oportunidad de ayudar a los enfermos y pobres

____ 3. Una garantía para llegar a ser una figura famosa (una estrella
       de Hollywood, un ídolo del béisbol, un astronauta, etc.)

____ 4. Un masaje diario

____ 5. La comprensión absoluta del significado de la vida

____ 6. La relación íntima perfecta

____ 7. Una casa que dé a la vista más hermosa del mundo

____ 8. Poder vivir cien años sin enfermedades

____ 9. El psicoanálisis gratis con un psicoanalista brillante

____10. Una biblioteca completa de los libros que más le interesen a Ud.

____11. Poder donar un millón de onzas de oro a su institución de caridad
       preferida

____12. Saber a perfección la profesión que Ud. ha escogido

____13. Tener el tiempo y el dinero para no hacer más que divertirse

____14. Un instrumento para poner «suero de autenticidad» (*truth se-
       rum*) en el agua que bebe todo el mundo

———15. Hacer todo lo que quiera, sin ser fastidiado (*being bothered, hassled*)

———16. Un cuarto grande lleno de dólares de plata

———17. La oportunidad de influir sobre los destinos de 500.000 personas

———18. El amor y la admiración de todo el mundo

———19. Viajes y entradas sin límite para asistir a conciertos y representaciones de ópera o ballet

———20. Una pastilla (*pill, tablet*) anti-problemas

———21. Su propia computadora omnisciente para todos los datos (*data*) que pueda necesitar

———22. Tiempo sin límite para pasar con la figura religiosa más grande de su fe—pasado o presente

Variaciones sobre el tema

1. El tercer deseo en el cuento fue el resultado directo del segundo. Si se cambia ese segundo deseo, ¿cómo va a cambiar el resto del cuento? Cuéntelo Ud. con un nuevo segundo deseo y un nuevo desenlace (*story ending*).

2. Los viejos del cuento eran muy egoístas, pero algunas personas creen que el egoísmo es una característica universal del hombre. ¿Qué piensa Ud.? ¿Es que todo lo que hacemos está relacionado inevitablemente con el egoísmo? Defienda o ataque la siguiente posición:

   «El ser humano es egoísta por naturaleza».

La supervivencia de los blue-jeans

8

La supervivencia°
de los
blue-jeans

survival

Largos, barriendo° el suelo; remangados° a media pierna; cortos, a la altura del muslo;° cortitos, con la escasez° del bikini; o cortísimos, hasta ser escandalosos. . . . Así son los *blue-jeans*, el pantalón vaquero° unisexo que visten, con la monotonía de un uniforme, los niños jóvenes y menos jóvenes del mundo. Seguramente su inventor, Levi Strauss, procedente de una familia hebrea de Baviera,° no pudo soñar° ni el éxito ni la supervivencia de los *blue-jeans*. Sin embargo, la verdad es que esta prenda° diseñada por casualidad° hace unos treinta años, ya es clásica y con toda la fuerza de la ley.

Naturalmente, los sociólogos no han podido explicarse el fenómeno de los *blue-jeans*—tampoco

sweeping / rolled up
thigh
scarcity, skimpiness

pantalón . . . blue-jeans (lit., **vaquero** = cowboy)

Bavaria
no . . . could not conceive of (lit., **soñar** = to dream)

article of clothing / **diseñada** . . . designed by chance

los psicólogos. Ni Freud les sirve para explicar el hecho—un hecho que algunos hasta se han atrevido a calificar de cuasi-patológico.° Pero los que ni siquiera se molestan en considerar el porqué del *boom* de los *blue-jeans* son los comerciantes. Les basta con colgar° en sus tiendas kilómetros de tejido vaquero°—en forma de faldas, minifaldas, bolsos, zapatos, pantalones, *shorts*, *minishorts*, sombreros, camisas, bikinis, vestidos, etcétera—en la seguridad de que algunos kilos de este tejido pronto caerán en las manos ávidas del consumidor.°

Y esto en todos los comercios° del mundo. Al principio, en Europa se consideraba a Londres° como ejemplo del éxito comercial. «La juventud londinense se cuelga° cualquier cosa», comentaban los conservadores europeos. Pero hoy no son únicamente los comercios europeos los que hacen su agosto.° Hong Kong exporta *blue-jeans* a unas mil pesetas[1] la unidad—precio que sólo da derecho a una pieza vaquera sin adornos: ni una flor, ni un corazoncito, ni una frase sugestiva.°

CUANTO MAS VIEJO, MAS CARO°

La venta de *blue-jeans made in USA* es algo más que furor comercial: pagar más de mil quinientas pesetas por un trapito tejano°—cuanto más raído, descolorido y remendado mejor°—es como para confundir la mente más lúcida. Pero esto es lo que pasa, porque con respecto a la tela vaquera— igual que con los muebles, vinos, o joyas—la antigüedad es lo que vale. Cuanto más viejo, más caro. Pero bueno: ya pueden los pensadores del mundo construir todas las teorías que quieran . . . son los publicistas° quienes tienen la sartén por el mango.° Son ellos—los publicistas—los que conocen el secreto.

Ya dimos el nombre del inventor: Levi Strauss, nacido en 1828. A los catorce años emigró a los Estados Unidos. Su programa para hacer dinero era

---

que . . . which some have even dared to call quasi-pathological

hang

tejido . . . denim (lit., cowboy cloth)

en . . . in the eager hands of the consumer
places of business
London

se . . . will wear (lit., **colgar** = to hang)

hacen . . . make hay while the sun shines, take advantage of the situation (colloquial)

frase . . suggestive saying

Cuanto . . . the older, the more expensive

un . . . a little piece of denim (lit., **trapo** = rag; **tejano** = of Texas) / **cuanto** . . . the more threadbare, discolored and mended the better

advertisers / **quienes** . . . who have the upper hand (lit., who hold the frying pan by the handle)

de lo más simple: «Me marcho con mi hermano a
California y allí venderemos tejidos», dijo. Vendieron todos los que habían traído en el barco y la
gente pidió más y más. Sobre todo hubo demanda
de pantalones. Fue entonces cuando surgió° la
gran idea. Strauss tomó todas las piezas que guar-
daba de un tejido resistente° y de color azul, que
pensaba utilizar para fabricar tiendas de campaña,° y se puso a confeccionar° pantalones. A este
tejido, que era de Génova, Levi llamaba «genes»—
y así se originaron los *blue-jeans* de hoy.

En vista del éxito del nuevo pantalón, Strauss
perfeccionó el diseño y la confección, añadiendo
más bolsillos° a la prenda y dándole más solidez
con pespuntes y remaches metálicos° en lugares
estratégicos. De la noche a la mañana el californiano se encontró con un producto nuevo, atractivo,
bien confeccionado y práctico como ninguno. Así,
con esta sencillez, nacen los grandes negocios.

PARA LA DUQUESA Y PARA EL MECANICO

En Europa no se vendieron los *blue-jeans*
hasta después de la guerra. El *boom* se registró en
los años cincuenta.° Hoy los publicistas preparan
anualmente su campaña con el cuidado y la agresividad del general que se prepara para un ataque.
Hace unos años lanzaron el mono vaquero con peto
y tirantes, ceñidísimo:° un mono de proletario que
llevan con idéntico placer la duquesa y el mecánico
de la gasolinera. . . . Y a nadie le extraña encontrar
hoy en playas o reuniones, y desde luego en páginas de las revistas internacionales, a una Caro-
lina de Mónaco—con unos quilitos° de más—, a una
Brigitte Bardot en estado de buena esperanza° o a
un obrero de vacaciones por Torremolinos,² en-
vueltos en su prenda de batalla, sea cual sea la
batalla que libre cada cual.°

Adaptación de un artículo de *Blanco y Negro* (Madrid)

Glosses (right margin):

surgió° came forth, presented itself

resistente° strong

tiendas . . . tents / to make (clothing)

añadiendo . . . adding more pockets
pespuntes . . . backstitching and metal rivets

en . . . in the 1950's

mono . . . overalls with bib and suspenders, very tight

unos . . . a few kilograms (**quilitos** = diminutive of **kilos**)
en . . . pregnant (lit., in the state of good hope)
sea . . . whatever may be the battle that liberates each one.

Notas culturales y lingüísticas

1. La peseta (pta.) es la unidad monetaria de España. En el momento de imprimir este texto, un dólar (U.S.A.) equivalía a unas 70 pesetas.

2. Torremolinos es un lugar de veraneo° español, algo parecido a lugares como nuestro Fort Lauderdale.   lugar . . . summer resort

actividades

A.   ¿Comprende Ud.?

Primera parte: **Para ver si Ud. ha entendido bien la lectura, seleccione la respuesta apropiada para cada una de las siguientes oraciones.**

1. Los *blue-jeans* se llevan. . . .
   a. de un solo tipo
   b. en una variedad de estilos
   c. solamente entre los jóvenes

2. Cuando Levi Strauss inventó los *blue-jeans*. . . .
   a. sabía que iban a ser una prenda clásica
   b. no tenía idea de lo importante que iban a ser
   c. soñó la fama que el pantalón le iba a traer

3. La explicación de la supervivencia de los *blue-jeans*. . . .
   a. es muy simple para los sociólogos
   b. se encuentra en las teorías de Freud
   c. no les importa a las personas que los venden

4. El éxito comercial de los *blue-jeans* en Europa. . . .
   a. empezó en Inglaterra
   b. ocurrió primero en Hong Kong
   c. está limitado al mes de agosto

5. Los *blue-jeans* hechos en los Estados Unidos. . . .
   a. son más valiosos si han sido hechos en Tejas
   b. valen tanto como las joyas
   c. cuestan más si son viejos y remendados

6. Para ganarse la vida al emigrar a los Estados Unidos, Strauss pensaba. . . .
   a. buscar oro en California
   b. fabricar tiendas de campaña
   c. ser comerciante de telas

7. Los *blue-jeans* originales de Levi Strauss. . . .
   a. fueron un éxito instantáneo
   b. fueron fabricados en Génova
   c. fueron diseñados con mucho cuidado

8. El nuevo mono de proletario. . . .
   a. fue destinado principalmente para los mecánicos
   b. fue diseñado para ser una prenda de moda
   c. fue creado para los soldados

Segunda parte: **Conteste las siguientes preguntas para expresar sus opiniones sobre la lectura.**

1. ¿Es verdad lo que dice el autor sobre el valor de los *blue-jeans* viejos? Explique Ud.

2. ¿Cree Ud. que es apropiado llevar los *blue-jeans* a todas partes y para toda ocasión? Explíquese.

3. ¿Cree que la popularidad de los *blue-jeans* es un fenómeno que pasará dentro de unos años? Explíquese.

4. A su parecer, ¿quiénes son los más responsables por la supervivencia de los *blue-jeans*—los jóvenes o los comerciantes? Defienda su punto de vista.

B.   El intercambio cultural

Los *blue-jeans* se originaron en los Estados Unidos, pero ya forman parte de la
cultura actual de muchos otros países también. De una manera similar, se ve
en los Estados Unidos la influencia de otras culturas. ¿Puede Ud. pensar en
algunos ejemplos? Organícelos según las categorías abajo y compare sus
ejemplos con los de unos compañeros de clase. ¿Han mencionado Uds. las
mismas cosas?

¿Cuáles conocen Uds. personalmente?

¿Cuáles les gustan más?

¿Cuáles echarían de menos (*would you miss*) si no existieran en los EE.UU.?

CATEGORÍAS:

Lenguaje   Ropa   Comida   Música   Películas   Deportes   ¿_____?

C. El juego de los genios

Muchas veces el genio del inventor consiste en su capacidad de pensar en nuevos usos para objetos comunes o materias destinadas a otros propósitos, como hizo Levi Strauss con su tejido de Génova. ¿Son genios Ud. y sus compañeros? Quizás este juego les ayude a descubrirlo.

Instrucciones:
Traten de pensar en el máximo número de usos imaginativos para algunos de los siguientes objetos comunes. El individuo o equipo que tenga más usos innovadores o chistosos gana.

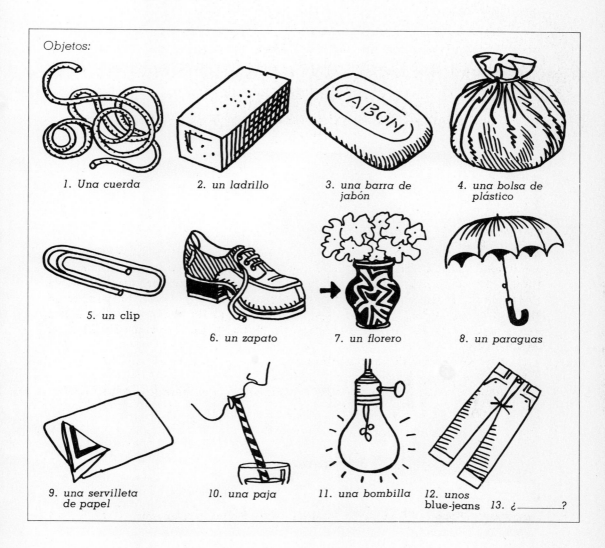

Objetos:

1. Una cuerda
2. un ladrillo
3. una barra de jabón
4. una bolsa de plástico
5. un clip
6. un zapato
7. un florero
8. un paraguas
9. una servilleta de papel
10. una paja
11. una bombilla
12. unos blue-jeans
13. ¿_____?

D. El arca del tiempo

En los aniversarios importantes de una ciudad o de un país la gente a veces prepara un «arca del tiempo» (*time capsule*), llena de cosas que representan la actualidad, para que la gente del futuro pueda saber algo de la vida y cultura del pasado.

Imagínese que Ud. y sus compañeros de clase van a preparar un arca que no se abrirá hasta el año 2080. Además de los *blue-jeans*, ¿qué otras cosas pondrían en el arca? Por cada objeto que mencionen, identifiquen y comenten el aspecto de nuestra cultura que ese objeto representa.

Tal vez Uds. quieran discutir esto primero en grupos pequeños y después comparar los resultados. Deben limitarse a cierto número de objetos (6, 10, etc.). ¿Podrán llegar a un acuerdo sobre los objetos que deban incluirse?

Variaciones sobre el tema

1. La creación de los *blue-jeans* contribuyó muchísimo al éxito que buscaba Levi Strauss en los EE.UU.—el éxito comercial. ¿Qué tipo de éxito le importa más a Ud.? Imagínese que han pasado unos cien años y que alguien está narrando su biografía. ¿Qué tipo de éxito ha tenido Ud.? ¿Qué cosas han ocurrido para hacerlo posible? Cuente la historia en tercera persona.

2. La influencia mutua entre los varios países del mundo no se limita al intercambio cultural, sino que se extiende también a la economía, la política, la defensa, etcétera. ¿Cuál es su propia opinión con respecto a esta interdependencia? Considerando bien las ventajas y desventajas, prepare una respuesta a esta pregunta:

   > ¿Es que los Estados Unidos deben cultivar más y más la influencia y la dependencia mutuas e internacionales, o más bien tratar de reducirlas?

   Si Uds. quieren, pueden organizar un debate sobre este tema. Entre otros factores, pueden considerar los siguientes:

   > ¿Hasta qué punto podemos vivir aislados?
   >
   > ¿Se puede justificar que un país influya en los asuntos de otro país?
   >
   > ¿Deben los EE.UU. vender armas a otras naciones?
   >
   > ¿Es que los ricos del mundo merecen lo que tienen?
   >
   > ¿Tienen los ricos la obligación moral de compartir la riqueza con los pobres?
   >
   > ¿Es posible que la política internacional de cualquier país sea conducida moralmente? ¿Es apropiada esa pregunta?

Cómo conseguir un novio en estas Navidades

9

Cómo conseguir un novio en estas Navidades

Las Navidades son la época en que todos los que no tienen un hogar propio° quisieran tenerlo. Y Ud., claro está, no es una excepción. ¿Ud. dice que es soltera y que no tiene novio? Eso no es problema.
5 Antiguamente cuando la mujer estaba confinada a las cuatro paredes de su casa y sólo podía ir al teatro o a una fiesta de vez en cuando, sus posibilidades de coquetear° estaban limitadas a mirar furtivamente a su galán° por encima del abanico.°
10 Pero ahora que hemos roto las cadenas° de la opresión masculina, podemos ir a donde nos guste y cuando nos guste. Podemos salir solas si lo

un . . . a place of their own
(**hogar** = home)

to flirt
fellow, man / **por** . . . over her fan
chains

97

deseamos, mirar escaparates,° entrar en los alma- store windows

cenes° y sentarnos en un café a tomar algo sin que department stores

15 nadie se quede escandalizado. Y gracias a esta libertad se ha centuplicado nuestra capacidad de elegir . . . y de conquistar.

Sin embargo, muchas mujeres, aunque se han dado cuenta de su libertad, no han descubierto
20 todavía los privilegios que tienen en el mundo romántico. En este sentido, siguen viviendo con la mentalidad del siglo pasado. ¿Es Ud. una de ellas? ¿Sí? Pues bien, prepárese, que vamos a ayudarle a salir del laberinto° de sus prejuicios e inhibi- labyrinth
25 ciones. Pero no se asuste.° Ganar la libertad no **no** . . . don't be afraid
quiere decir que hay que perder la dignidad.

Hay que recordar las siguientes sugerencias. Lo primero que debe hacer la mujer que quiera conquistar a un hombre es ser alegre. Recuerde
30 que el hombre, tanto como la mujer, busca en su futura esposa la felicidad. Segundo, ninguna mujer debe fingir° una personalidad distinta de la que fake
tiene porque eso casi nunca conduce a nada positivo. En fin, sea Ud. misma.
35 Y tercero, recuerde que los hombres son un pozo de vanidad y que Ud. debe actuar de tal manera que ellos se sientan indispensables.

Pero ahora entremos en el terreno de lo concreto. Si Ud. ha puesto los ojos en un joven en el
40 autobús o en cualquier otro lugar, ¡manténgaselos puestos!° Es decir, al menos durante unos segundos, como si Ud. no pudiera evitar mirarlo. No hay nada que intrigue más a los hombres que esto y además harán cualquier cosa para saber por qué
45 nos fijamos en ellos. Y como la única forma de hacerlo es conversar con nosotras, pues tendrán que buscar esa conversación ya que está dado el primer paso. Cuando Ud. haya logrado° esto de su «víctima», lo demás dependerá de Ud. Procure
50 siempre alcanzar un punto de equilibrio—no lo espante,° pero tampoco le indique el interés que él piensa haber despertado en Ud.

manténgaselos . . . keep them on him

gotten (**lograr** = to succeed, manage)

no . . . don't scare him off

Si Ud. va a pasar las vacaciones en algún lugar de veraneo°, es probable que encuentre allí a
55 algún Adonis que tiene locas a todas las chicas. Si es así, y Ud. tiene interés en ser la que se lleve a° este Adonis, no sea una más en el coro de sus admiradoras—Ud. no quiere formar parte del paisaje porque así no logrará atraer su atención. Destá-
60 quese° fingiendo no tener el menor interés en él. Verá los resultados.

lugar . . . summer resort

se . . . walks off with (lit., **llevarse** = to take or carry away)

Stand out

Las Navidades nos ofrecen una oportunidad singular de capturar a un hombre. Si Ud. quiere aprovecharla, váyase a los almacenes de ropa masculina, escoja su objetivo y ataque. Busque una chaqueta o cualquier otro artículo «para regalarle a papá o a mi hermanito» y pregúntele al escogido° su opinión y si le parece propio para un «señor mayor» o para un «jovencito de dieciséis años». Hay que reconocer que los hombres son muy serviciales° en estas situaciones, especialmente si la que recibe el beneficio es una mujer atractiva. Ya verá como su escogido le da una lección sobre diseños° de ropa de hombre, le aconseja respecto del gusto de la mayoría, le escoge algún artículo apropiado . . . y le pide su número de teléfono . . .

chosen one

helpful

design

Por último, mientras participa en las festividades de esta época, póngase al alcance de° los hombres. Váyase a un bar o cualquier lugar donde

al . . . within reach of

80 puedan encontrarla fácilmente. Escoja su objetivo
y dele oportunidad de iniciar una conversación.
Ayúdele—háblele de la música, del ambiente,° de   atmosphere
los asistentes a la fiesta. Así Ud. le dará oportunidad de que se anime.

85   En realidad, el arte de la conquista no es difícil
de dominar. La mujer sí puede conquistar y no tiene
por qué esperar. Lo único que se requiere es un
poco de inteligencia e imaginación. Decídase y
verá cómo se consigue un novio en estas Navi-
90 dades.

Adaptación de un artículo de *Vanidades Continental* (México)

actividades

A.   ¿Comprende Ud.?

Primera parte: **Para ver si Ud. ha entendido bien la lectura, conteste las siguientes preguntas.**

1. Según esta lectura, ¿cómo vivía la mujer en los tiempos pasados?

2. ¿En qué es diferente ahora el papel de la mujer?

3. Según la autora de este artículo, ¿por qué no se ha aprovechado la
   mujer de su nueva libertad?

4. ¿Cuáles son las tres sugerencias que la autora le ofrece a una mujer
   que quiere liberarse y conquistar a un hombre?

5. ¿Qué debe hacer una mujer en un autobús para llamar la atención
   de un hombre?

6. Si una mujer está pasando las Pascuas en un lugar especial, ¿qué
   debe hacer para despertarle un interés a un hombre?

7. ¿Qué tácticas puede emplear una mujer en una tienda de ropa masculina?

8. ¿Cómo puede una mujer animar a un hombre en un bar para que
   él hable con ella?

9. ¿Qué opina la autora del arte de conquistar hoy día?

Segunda parte: Conteste las siguientes preguntas para expresar sus opiniones sobre la lectura.

1. En la opinión de Ud., ¿cuál fue la intención verdadera de la autora al escribir este artículo?

2. En su opinión, ¿cómo es el tono del artículo? ¿Está Ud. de acuerdo con la idea central del artículo, en todo o en parte?

3. Además de los métodos mencionados en la lectura, ¿qué otras maneras de conseguir novio hay?

B. Conócete a ti mismo*

Primera parte: Algunas revistas norteamericanas publican *tests* de autoconocimiento para sus lectores; así lo hacen también las revistas hispánicas. Lo que sigue es una versión abreviada de un *test* que apareció en una revista popular para mujeres. Léala y exprese su reacción. ¿Pueden preguntas de este tipo decirle cómo es realmente una persona?

«¿Estás enamorada?»**	Sí	No
1. Has llegado cansada del trabajo y preferirías quedarte en casa descansando. Si él te llama para invitarte a salir, ¿estás dispuesta (*prepared*) a hacerlo?	___	___
2. Esta noche él está ocupado y no puede ir a verte. ¿Te sientes frustrada y melancólica?	___	___
3. Cuando estás con él en un lugar público, ¿te gusta que te tome las manos, que te bese cariñosamente en la mejilla (*cheek*)?	___	___
4. ¿Estás dispuesta a no llevar un vestido o un peinado (*hair style*) que te gusta porque no le gusta a él?	___	___
5. ¿Llevas en el bolso (*purse*) fotos de él, o de los dos, o cualquier otro objeto que te lo represente?	___	___
6. ¿A veces te sientes celosa (*jealous*), no sólo de sus amistades del sexo opuesto, sino también de todas las personas que lo rodean (*surround*)?	___	___
7. ¿Reconoces que él tiene defectos, pero que sus buenas cualidades los compensan?	___	___

* *Conócete a ti mismo* (*tú* form of address) is the standard phrase for "Know thyself."

** This self-test originally appeared in a women's magazine; therefore, feminine forms are used in the title and in the items. Note that the reader is addressed with the familiar *tú*.

Segunda parte: El anterior cuestionario fue formulado para determinar si una mujer está enamorada o no. Tome uno de los adjetivos siguientes y prepare un *test* similar al de la primera parte. Si quiere, haga un intercambio de *tests* con algún(a) compañero(a).

¿Estás _____ ?
confudida(o)
aburrida(o)
desconcertada(o)
¿ _____ ?

¿Eres _____ ?

estudiosa(o)
romántica(o)
cínica(o)
temerosa(o)
generosa(o)
prática(o)
original
diligente

valiente
cobarde
emocional
responsable
paciente
sentimental
humilde
¿_____ ?

C. Estereotipos

En la versión original de esta lectura, la autora escribió que «Los hombres son un pozo de vanidad». La descripción ofrecida caracteriza a todos los hombres como vanos y no considera la posibilidad de que haya hombres que no lo son. Tal descripción es un estereotipo, es decir la caracterización de un grupo particular de personas al atribuirles a todos una cualidad o cualidades específicas. Tales cualidades pueden ser positivas o negativas, resultando así en un estereotipo positivo o negativo. Sabemos, sin embargo, que no todos son iguales: no todas las bibliotecarias son solteronas (*old maids*) feas; tampoco son bellas y sensuales todas las secretarias.

Considere Ud. los siguientes grupos estereotipados:

políticos	vaqueros
profesores	hombres de negocios
médicos	secretarias
agricultores	telefonistas
enfermeras	niños
abuelas	azafatas (*stewardesses*)
taxistas	amas de casa

1. ¿Qué características estereotípicas se asocian con cada grupo?

2. Piense en algunos políticos, profesores, etc., a quienes Ud. conoce personalmente. ¿En qué son diferentes estos individuos de los estereotipos asociados con ellos?

D. Se están cambiando los papeles

Primera parte: En la lectura, la autora escribe que «la mujer puede conquistar y no tiene por qué cohibirse», es decir, la mujer tiene hoy un papel (*role*) que antes sólo correspondía al hombre. Sin embargo, cuando vemos a hombres o a mujeres en papeles que tradicionalmente han sido propios del otro sexo, a menudo reaccionamos con sorpresa. Abajo hay algunas actividades que generalmente han sido más o menos exclusivas de hombres o de mujeres. ¿Cómo reacciona o reaccionaría Ud. al encontrar una persona del sexo opuesto en estas actividades? Use los números dados para indicar su reacción.

0	1	2	3	4
negativo	algo negativo	neutro	algo positivo	positivo

1. _____ una enfermera

2. _____ una secretaria

3. _____ una telefonista

4. _____ una ama de casa

5. _____ una niñera (*babysitter*)

6. _____ una maestra de primaria

7. _____ la mujer «Avon»

8. _____ una profesora de economía doméstica

9. _____ una criada

10. _____ una recepcionista

1. _____ un jugador profesional de fútbol americano

2. _____ el Presidente de los EE.UU.

3. _____ un conductor de autobús

4. _____ un clérigo

5. _____ un cadete militar

6. _____ un obrero de construcción

7. _____ un dependiente de gasolinera

8. _____ un soldado

9. _____ un dentista

10. _____ un torero

Segunda parte:

1. Comunique sus impresiones con sus compañeros de clase. Explíquese Ud.

2. Relate una experiencia personal suya sobre personas que hacen algo que tradicionalmente ha sido del otro sexo (por ejemplo: ver a una mujer poniéndole gasolina al auto de Ud.).

3. ¿Sería Ud. capaz de ejercer alguna de las actividades arriba indicadas como propias del otro sexo? Explíquese.

4. ¿Hay oficios que, según Ud., quedarán siempre como exclusivos de un sexo?

Variaciones sobre el tema

1. Los nuevos papeles de la mujer y del hombre son ejemplos del cambio social, pero también ocurren cambios personales en la vida de cada persona. ¿Cómo cambiamos y nos adaptamos a nuevas situaciones mientras pasan los años entre el nacimiento y la muerte? Piense en los variados papeles que hacemos durante la vida.

2. Muchas veces lo que somos o hacemos refleja la influencia de otras personas. ¿Qué piensa Ud. de eso?

    ¿Es necesario que una persona aprenda a influir sobre la conducta de otras personas?

    ¿Hay ciertas circunstancias en las cuales tal influencia es más necesaria o deseable que en otras? Explíquese.

    ¿Cómo reacciona Ud. al concepto de la modificación de comportamiento—la modificación sistemática de la conducta de otra persona?

Perspectivas: ¿héroe o antihéroe?

10

Perspectivas: ¿ héroe o antihéroe?

Por lo general, es el paso del tiempo—la historia—
lo que decide el verdadero valor de los seres humanos.° La distancia histórica permite evaluar con
la objetividad necesaria a todo individuo. Esto es
5 muy importante al considerar figuras públicas porque muchas tienden a ser figuras discutibles° durante su vida y aun después. Con frecuencia, sus
personalidades son fuertes y sus acciones van en
contra de lo tradicional. Y tales características pue-
10 den interpretarse como positivas o negativas. Por

seres . . . human beings

controversial

eso, para algunas personas, estos individuos son héroes y para otras son fuerzas destructivas. Uno de estos individuos fue Ernesto «Che» Guevara.[1]

15 Guevara (1928-1967) fue un argentino, médico de profesión, que llegó a ser uno de los revolucionarios hispanoamericanos[2] más discutibles que el mundo ha conocido. El Che luchó en guerras de guerrillas° en Guatemala; después se unió con las fuerzas de Fidel Castro para participar en la Re-
20 volución Cubana de 1959. Siendo teórico° y también practicante de la guerra de guerrillas, ayudó en la preparación de las fuerzas de Castro. Cuando fue derrocado° el gobierno de Fulgencio Batista, el Che ocupó puestos importantes en el nuevo gobierno de
25 Castro. El Che sirvió de Jefe del Banco Nacional, puesto en el cual nacionalizó los recursos° económicos del país. Al fin, el guerrillero° desapareció de Cuba en 1965; no se sabe cómo ni por qué.[3] Sin embargo, unos años después, reapareció en las sel-
30 vas° de Bolivia donde aparentemente estaba tratando de organizar una revolución similar a la de Cuba. Fue buscado y, por fin, muerto por el ejército° boliviano en 1967.

Como ejemplo de lo discutible que es este tipo
35 de persona, presentamos aquí dos cartas dirigidas a la redacción° de *Life en español*. Muestran la reacción ante una serie de artículos dedicados a Guevara que aparecieron en esa revista. Al leer las cartas, considere Ud. los diferentes puntos de vista
40 de los autores.

* * *

12 de marzo de 1969

Señores:

He leído con gran cuidado los tres artículos que Uds. han publicado en su revista sobre el guerrillero
45 comunista Ernesto Guevara. Estoy seguro que ninguna publicación del mundo comunista le puede

guerras ... guerrilla warfare

theoretician

overthrown

communism (socialism)

resources
guerrilla (fighter)

jungles

army

editor (lit., editorship)

hacer mejor propaganda° a ese aventurero crimi-   publicity
nal que la propaganda que Uds. le están haciendo
gratuitamente.°   free of charge

50   Uds. son los que están inventando el «mito»°   myth
del Che; lo idealizan y lo engrandecen,° situándolo   exalt
fuera de la realidad. Todo el mundo decente y no-
comunista sabe perfectamente que el Che no fue
más que un criminal aventurero, destructor, sádico°   sadist
55 y malévolo.° Su ideal máximo fue destruir la socie-   malicious person
dad actual° sin construir nada positivo y decente.   present-day
¿A ese monstruo lo llaman «mártir» y «héroe»?

El Che Guevara no fue más que un agente del
comunismo internacional: sólo quería traer el caos
60 y la destrucción. Su causa no representa ni la justicia para el hombre ni mucho menos la defensa de
la dignidad humana.

Hay muchas figuras en el mundo, y en particular en la América Española, que merecen el es-
65 pacio de su portada.° El Che ya tiene demasiada   cover (of a magazine)
propaganda. Déjenlo donde el destino lo ha si-
tuado—en Bolivia . . . y sin vida.

Atentamente,
J.S.S.
70   Ciudad Bolívar, Venezuela

*   *   *

15 de marzo de 1969
Estimados° señores: Dear (lit., Esteemed)

Escribo esta carta para felicitarlos por la serie
de artículos sobre la vida revolucionaria de Ernesto
75 «Che» Guevara. Fue un hombre de extraordinarias
cualidades humanas—idealista que se arriesgaba°   se . . . took risks
por la causa que él creía la verdadera para realizar
el desarrollo° de los países hispanoamericanos. Fue   realizar . . . to bring about
un mártir que comprendía bien lo que son la jus-   the development
80 ticia y la dignidad humana.

Sepan Uds. que no soy comunista. Sin embargo, reconozco los méritos de uno de los hombres

«Che» Guevara

más grandes que Hispanoamérica ha dado al
mundo.

85   Su muerte cierra un capítulo más en la trágica
historia americana—una historia en la cual la lucha
entre hermanos es como un monstruo que devora
a sus víctimas con voraz° apetito. El Che fue héroe   voracious
y víctima a la vez. Lo mataron sus propios compa-
90 triotas hispanoamericanos por quienes él estaba lu-
chando. Su vida fue un poema cruel y trágico.

                   Atentamente,
                   M.S.C.
                   Medellín, Colombia

Adaptación de unas cartas de Life en español

Notas culturales y lingüísticas

1. A Ernesto Guevara le pusieron el apodo° «Che» porque   nickname
   era argentino. Véase la nota número seis, página 34.

2. Desde la época de la Revolución Mexicana (1910-1917) las
   naciones de la América Latina han estado buscando la
   igualdad económica, social y política, resultando frecuentemente en una filosofía política basada en el marxismo. Por
   eso el concepto de revolución está aceptado por muchos
   como un proceso continuo. La ideología social de Fidel Castro y Che Guevara, que estableció el comunismo en Cuba,
   es sólo un ejemplo de las complejidades características de
   la política de la América Latina durante el siglo XX.

3. A causa de su reputación internacional, la desaparición de
   Ernesto Guevara de Cuba en 1965 se comentó en la prensa
   durante muchos meses, y en todas partes del mundo. Hubo
   mucha especulación respecto al porqué° de su salida de   reason
   Cuba, pero según una carta que dejó para Castro, el Che
   pensaba que ya había hecho todo lo que podía por Cuba,
   y que se sentía obligado a trabajar por la causa revolucionaria en otras partes del mundo.

actividades

A. ¿Comprende Ud.?

Primera parte: Para ver si Ud. ha entendido bien la lectura, conteste las siguientes preguntas.

1. ¿Qué es necesario para analizar bien el valor de un ser humano?

2. ¿Cómo son muchas figuras públicas?

3. ¿Qué carrera estudió Che Guevara? Doctr.

4. ¿Qué hizo el Che en la Revolución Cubana?

5. ¿Cómo murió?

6. ¿Por qué dice el escritor de la primera carta que el Che fue «un
   monstruo»?

7. Según lo que Ud. ha leído en la primera carta, ¿qué opinión tiene
   J. S. de la revista *Life* en español?

8. ¿Por qué no le gusta a J. S. C. la causa de Che Guevara?

9. ¿Por qué escribe su carta el segundo escritor?

10. ¿Cómo describe M. S. C. a Che Guevara?

11. Según M. S. C., ¿cómo es la historia americana?

12. ¿Por qué cree M. S. C. que la vida de Che Guevara fue un poema cruel?

Segunda parte: Conteste las siguientes preguntas para expresar sus opiniones sobre la lectura.

1. ¿Cuál de las dos cartas le llama más la atención? ¿Por qué? Además del contenido, debe considerar el tipo de lenguaje que emplean los dos escritores: los adjetivos que usan, cómo emplean la razón y la emoción, las palabras o expresiones que nos indican sus puntos de vista, etc.

2. El Che estudió para médico, pero se hizo revolucionario. ¿Le parece raro esto? ¿Sería probable en los EE.UU.? Explíquese.

3. ¿Conoce Ud. a otra persona—de la historia o de la sociedad contemporánea—que se parezca a Che Guevara? Descríbala.

B. Perspectivas

Lo que dicen las personas depende en gran parte de su percepción de la realidad. ¿Cuál de los dos escritores diría cada una de las siguientes oraciones?

___ 1. Todo buen revolucionario es idealista.

___ 2. Los revolucionarios son agentes de una conspiración internacional.

___ 3. Necesitamos hombres como el Che para combatir las injusticias económicas del mundo.

___ 4. Los jóvenes de hoy deben pasar más tiempo en el trabajo honrado y menos tiempo discutiendo los males de la sociedad.

___ 5. Los revolucionarios nunca saben lo que hacen.

___ 6. Los hombres como Che Guevara son excelentes ejemplos de ideas progresistas para la juventud.

—— 7. Los revolucionarios son aventureros sin propósitos definidos.

—— 8. Cada hombre que sigue sus convicciones—comunista o no—merece aplausos.

—— 9. Los periódicos y las revistas tienen la culpa de la popularidad de hombres como el Che. Muchas veces hacen famosa a una persona que de veras no lo merece.

——10. Todo revolucionario necesariamente es comunista y por eso es peligroso.

C. ¿Qué piensa Ud?

Los escritores de estas cartas describen a la misma persona de maneras muy distintas. ¿Cómo describirían Ud. y sus compañeros a los siguientes individuos? Si quieren, pueden emplear adjetivos tomados de la lista abajo. Deben defender el uso de cada adjetivo: si quieren decir que el Che fue idealista, pueden decir,—Che Guevara fue un gran idealista porque deseaba la igualdad para todos los hombres. Si les parece más bien oportunista, pueden decir,—Che Guevara fue un oportunista: aprovechó la situación política para hacerse famoso.

Personas: Barbara Walters
John F. Kennedy
Edith Bunker
Bob Hope   ¿——?

Martin Luther King
Jane Fonda
John Wayne
Sammy Davis, Jr.

Adjetivos: valiente   extrovertido(a)   dogmático(a)
egoísta   introvertido(a)   tolerante
altruista   dinámico(a)   seguro(a) de sí
liberal   tranquilo(a)   pasivo(a)
conservador(a)   individualista   agresivo(a)
dedicado(a)   conformista   violento(a)
idealista   excéntrico(a)   extremista
realista   fiel   talentoso(a)
paciente   oportunista   aventurero(a)

Robert F. Kennedy

D. Héroes e ídolos

¿Cuál es la diferencia entre un héroe y un ídolo? ¿Puede el héroe de una persona ser el ídolo de otra?

Primera parte: Para aclarar sus propios conceptos de lo que son los héroes y los ídolos, escoja terminaciones de la lista abajo para estas dos frases:

Un héroe (una heroína) es una persona que. . . .

Un ídolo es una persona que. . . .

1. sufre mucho por sus creencias

2. recibe mucho respeto en todas partes

3. llama la atención a todo el mundo

4. hace lo que hace sólo para ganar dinero

5. cree en lo que hace

6. tiene gran conciencia social

7. siempre considera las consecuencias de lo que hace

8. casi nunca piensa en sí misma

9. tiene fama que dura
10. tiene dinero y poder
11. tiene influencia política
12. hace cosas de importancia mundial
13. tiene fama que pasa rápidamente
14. trae paz y tranquilidad
15. está dispuesto(a) a morir por una causa
16. hace posibles unos momentos de alegría
17. sólo desea estar delante del público
18. se preocupa por lo que piensa el público
19. tiene un talento específico y admirable
20. ¿_____?

César Chávez

Muhammad Alí

Segunda parte: Tomando en cuenta las decisiones que acaba de tomar, considere Ud. a individuos como los siguientes. ¿Cuáles le parecen héroes? ¿ídolos? ¿Ha cambiado de opinión sobre alguno de ellos? Explíquese.

Robert Kennedy   Elvis Presley

Golda Meir   Fidel Castro

Albert Schweitzer   Anwar Sadat

Johnny Carson   Muhammad Alí

Simón Bolívar   César Chávez

Angela Davis   Mary Tyler Moore

¿————?

E. El cambio social

Muchos de los héroes de hoy día se conocen por su papel en el cambio social. Este es un tema sobre el cual hay mucho conflicto de ideas. En la opinión de Ud., ¿cómo puede—o debe—ocurrir el cambio social? Para expresar sus opiniones sobre el asunto, lea las siguientes oraciones e indique si está de acuerdo con cada una de ellas. Ud. y sus compañeros(as) pueden intercambiar opiniones informalmente o en forma de debate.

1. La palabra «revolución» siempre implica un cambio violento.

2. La palabra «revolución» puede referirse a un cambio lento, aunque sea radical.

3. El cambio social no puede ocurrir sin violencia, porque los que viven bien en el sistema existente no van a cambiar voluntariamente.

4. Los revolucionarios siempre son izquierdistas en su política.

5. Es mejor efectuar el cambio social empleando los procesos aceptados dentro del sistema existente.

6. El cambio social empieza con el individuo.

7. El fin siempre justifica los medios.

8. Las huelgas deben ser ilegales.

9. El gobierno no debe permitir la existencia de grandes corporaciones privadas.

10. Si quiere mejorar su vida, un obrero debe ser miembro de un sindicato, como el AFL-CIO.

11. El gobierno debe ejercer menos control sobre el sistema económico.

12. Una revolución puede ocurrir en cualquier país.

Variaciones sobre el tema

1. Muchas veces admiramos y recordamos a cierta persona por sus cualidades personales, su manera de ser o algo importante que hizo o hacía. Prepare Ud. una descripción de tal persona; puede ser una persona de la vida real o un personaje de libros o películas.

2. Escriba su propia carta al director de una revista o un periódico. Debe ser una reacción ante una cuestión discutible del día. Después, presente su carta a sus compañeros para que le hagan un análisis de estilo. ¿Es apropiado el lenguaje que usa para el mensaje que quiere comunicar?

3. Piense en una situación que pueda verse desde dos perspectivas. Ahora, cuéntela dos veces, reflejando los dos puntos de vista (por ejemplo, padres/hijos, profesores/estudiantes, conservadores/liberales, etc.).

11

Tarzán, un joven de 90 años

Tarzán, señor de la jungla, el mítico personaje, héroe de varias generaciones, nació en 1888 según cuenta su creador Edgar Rice Burroughs. Acaba de cumplir, pues, noventa años. Sin embargo, su
5 atractivo continúa manteniéndose en forma sorprendente. El libro original de sus aventuras puede figurar entre los libros más vendidos de todos los tiempos; en 1939 ya se habían vendido más de 30 millones de ejemplares.° Ha sido traducido a 31   copies

10 idiomas y actualmente se calcula que sus benefi-
cios° sobrepasan° los ciento cincuenta millones de   profits / surpass
dólares. Las viejas películas interpretadas por
Johnny Weismuller se presentan nuevamente con
gran aceptación y Tarzán continúa siendo el
15 protagonista preferido del mundo de las tiras có-
micas.° Hoy día la moda *pop* nos devuelve su reno-   tiras . . . comic strips
vada° figura en carteles° y publicaciones de última   renewed, renovated / posters
hora.

El argumento° original de la famosa novela es   plot
20 el siguiente: en 1888 un noble inglés, llamado Lord
Greystoke, y su esposa Alicia son abandonados por
la tripulación amotinada de un navío° en la costa   **tripulación** . . . mutinied crew
africana de Angola, antigua colonia portuguesa.   of a ship
Tres meses más tarde les nace un niño. Poco des-
25 pués perecen° trágicamente los padres atacados   perish
por una banda de grandes monos.° Una mona,   **grandes** . . . great apes
Kala, recoge al bebé y decide criarlo.° Lo llama   to rear him
«Tarzán», que en el lenguaje de los simios° signi-   simians, apes
fica, al parecer, «piel-blanca».

30 El pequeño va creciendo en la jungla, mientras
le suceden maravillosas aventuras con Numa, el
león; Sabor, la leona; Sheeta, la serpiente; y Tantor,
el elefante. Pronto el niño se da cuenta que perte-
nece a una raza superior a la de sus peludos° com-   hairy
35 pañeros. En la vieja cabaña° construida por su   hut, cabin
padre halla un cuchillo, con el que aprende a de-
fenderse, y muchos libros ilustrados en los que
aprende a leer—¡sin saber hablar!—tras diez años
de esfuerzos. Reconocida su superioridad, los monos
40 lo eligen jefe de su tribu.

Los primeros seres humanos de los que tiene
conocimiento son los negros caníbales de un pueblo
perdido en la espesura.° Pero un día, siendo ya un   density (of the jungle)
joven de veinte años, Tarzán ve aparecer un barco
45 en la playa. En él reconoce seres de su misma especie, entre ellos una bellísima joven rubia, Jane
Porter. El hombre-mono tiene ocasión de salvarla
de las garras° de un espantoso gorila y la lleva   grasp (lit., claws)
consigo a la selva donde, después de muchas aven-

₅₀ turas, ella se convierte en su compañera. Tarzán se
reintegra a la civilización e incluso logra° recuperar
sus derechos auténticos como heredero° del noble
Lord Greystoke.

    Ya en una segunda novela, Burroughs con-
₅₅ tinúa las hazañas° de su héroe, hasta casarlo fi-
nalmente con la delicada Jane. Con esto las aventuras parecían concluidas. Sin embargo, el éxito de
los episodios fue tan grande que el escritor decidió
seguir relatando, produciendo muchos episodios
₆₀ más. En sus nuevas aventuras, Tarzán descubre
civilizaciones desaparecidas y se enfrenta a° crueles
cazadores blancos y seres fabulosos, como los
hombres-leopardos y los hombres sin rostro,° visi-
tando la India, las tribus del Amazonas y hasta
₆₅ . . . el mismo centro de la Tierra.

    El gran éxito de las novelas incitó a los pro-
ductores de Hollywood a extender un contrato fabu-

manages to

heir

deeds, feats

se . . . confronts

face

loso para llevar a la pantalla° el personaje creado   movie screen
por Edgar Rice Burroughs. Así en 1918, Elmo Lin-
70 coln encarna al primer Tarzán cinematográfico.
Una larga cabellera° y amplia piel de leopardo le   head of hair
dan más la apariencia de indio apache que de
hombre-mono. Las películas de la serie se suceden
con diversos intérpretes. En 1920, una canción
75 «Tarzán, mi querido salvaje», ocupa el primer lugar en lo que hoy llamaríamos el *hit parade*. Un
año después, la obra teatral *Tarzán de los monos*
es aplaudida con calor en los escenarios de Nueva
York. Sin embargo, la perfecta encarnación del
80 héroe de la selva no aparece hasta unos años después en la persona del actor Johnny Weismuller.

    Weismuller era el gran nadador norteameri-
cano de los años 20,° ganador de la medalla de oro   **de** . . . of the 1920's
en las Olimpiadas de París y Amsterdam. Aunque
85 pésimo° actor, Weismuller poseía la vitalidad au-   the worst possible
téntica del atleta, una mirada un tanto inocente y
un físico tosco° y hermoso al mismo tiempo.   coarse, rough

    Para el papel° de Jane, la dulce compañera,   role
fue elegida Maureen O'Sullivan, una pelirroja ir-
90 landesita° de ojos verdes, frágil y picante° a la vez.   **pelirroja** . . . cute little Irish redhead / sexy
La pareja resultó perfecta y las seis películas ro-
dadas° por ambos son las más comerciales° de la   filmed / financially successful
serie.

Con el tiempo, Maureen O'Sullivan abandonó
95 sus tareas° selváticas y Weismuller tuvo que reti- tasks, chores
rarse del cine a causa de la decadencia° física que decline
ataca a los nadadores en su madurez.° Sin em- maturity
bargo, el propio Edgar Rice Burroughs reconoció
que Weismuller fue la encarnación viva de su per-
100 sonaje. En su última novela (1944) narra el encuentro del hombre-mono con un piloto americano y
pone en labios de este último la siguiente y hala-
gadora° exclamación: flattering
        —¿Cómo? . . . ¿es Ud. Tarzán? . . . Entonces,
105 ¡encantado, señor Weismuller!

                        *   *   *

        Como se dijo una vez, el mito de Tarzán es una
especie de elogio de la idea del retorno a la pureza
inicial del hombre, con raíces en el salvaje noble de
Rousseau.[1] Algunos psicólogos americanos, por
110 otra parte, han creído ver en la atlética figura
creada por Burroughs el prototipo del superhombre
imaginado por Nietzsche.[2] Pero en todo caso, el maravilloso Tarzán—inglés de raza, mono de adopción, portugués de azar,° francés por cultura y chance
115 norteamericano por su creador Burroughs y por su
encarnación humana en Weismuller—continúa
ilusionando a las nuevas generaciones como el prototipo de la fuerza, la libertad y la honradez. A pesar de sus noventa años, el atlético señor de la
120 jungla todavía se conserva en buena forma.

Adaptación de un artículo de *Los domingos de ABC* (Madrid) por Juan
Balansó

Notas culturales y lingüísticas
1. Jean-Jacques Rousseau (1712-1778), filósofo francés. Sus
   obras expresan la idea de que el hombre es esencialmente
   bueno y su corrupción se debe a la civilización.

2. Friedrich Wilhelm Nietzsche (1844-1900), filósofo alemán.
   Creyó en la posibilidad de un superhombre todopoderoso.

actividades

A.   ¿Comprende Ud.?

Primera parte: **Para ver si Ud. ha entendido bien la lectura, conteste las siguientes preguntas.**

1. ¿Por qué es sorprendente la popularidad de Tarzán?
2. ¿Cómo resultó que Tarzán fue criado por los monos?
3. ¿Cuáles son algunos ejemplos de la superioridad del joven Tarzán sobre los monos?
4. ¿Cómo se conocieron Tarzán y Jane?
5. Según la novela original, ¿qué pasó cuando Tarzán salió de la selva?
6. ¿Por qué siguieron apareciendo aventuras de Tarzán después de la segunda novela de Edgar Rice Burroughs?
7. ¿Cuándo y cómo empezó la popularidad de Tarzán a extenderse más allá del mundo literario?
8. ¿Por qué era tan popular Johnny Weismuller en el papel de Tarzán?
9. Según el autor, ¿cómo se puede explicar la popularidad continua de Tarzán?

Segunda parte: **Conteste las siguientes preguntas para expresar sus opiniones sobre la lectura.**

1. De todo lo que Ud. ha aprendido sobre Tarzán en esta lectura, ¿qué le interesa más? ¿Por qué?
2. ¿Le parece interesante o extraño que el piloto americano de la última novela de Tarzán le diga a éste, «Encantado, Sr. Weismuller»? Explíquese.

B.   Figuras clásicas

Tarzán, personaje ficticio del pasado, adquirió tanta fama que todavía vive como una figura clásica de la cultura popular. También han existido en la vida real personajes a quienes recordamos como figuras clásicas al estilo de Tarzán. ¿Cuánto sabe Ud. de las figuras clásicas del pasado . . . y del futuro?

Primera parte: Identifique los siguientes personajes clásicos del pasado según sus descripciones. ¿Sabe Ud. cuáles eran reales y cuáles eran ficticios? Las respuestas están al pie de la página.

Personajes

1. Flash Gordon
2. Humphrey Bogart
3. Superman
4. Charlie Chaplin
5. Marilyn Monroe
6. Don Quijote
7. Sherlock Holmes
8. Frankenstein
9. Don Juan
10. Elvis Presley

Descripciones

a. Artista famoso de las películas mudas (*silent films*).
b. Simboliza la lucha eterna para realizar lo imposible.
c. Prototipo de la creación que destruye a su creador.
d. Es conocido por sus películas, por ejemplo, *Casablanca*.
e. Figura trágica conocida como símbolo de la sensualidad femenina.
f. Se le ha llamado «el rey del rock».
g. Su carrera dio al mundo el mejor ejemplo de pensamiento lógico y deductivo.
h. Prototipo del hombre que anda enamorando a las mujeres.
i. Participó en muchas aventuras en el espacio.
j. Se disfrazaba de reportero en la vida diaria.

Segunda parte: Piense en algunas figuras de la cultura contemporánea que, en su opinión, tienen la posibilidad de llegar a ser personajes clásicos del mundo popular. ¿Puede Ud. defender sus opiniones? Con un grupo de compañeros, prepare una lista de estas figuras y descripciones de ellas. Luego, cambien su lista por la de otro grupo de alumnos. ¿Pueden Uds. identificar las figuras contemporáneas según las descripciones?

Respuestas

1-i, ficticio; 2-d, real; 3-j, ficticio; 4-a, real; 5-e, real; 6-b, ficticio; 7-g, ficticio; 8-c, ficticio; 9-h, ficticio; 10-f, real

C. El azar

Según la novela original, Tarzán nació en Africa por puro azar. El azar es un concepto fascinante, y es divertido especular sobre lo diferentes que habrían sido las cosas si algo hubiera sido diferente en el pasado. Por ejemplo, si Tarzán hubiera nacido en Inglaterra, no habría llegado a ser el famoso hombre-mono de la selva. Pero la consideración del azar no se limita al mundo ficticio, sino que se extiende también a todo aspecto de la vida . . . como verá Ud. mientras completa las siguientes frases incompletas.

Después de completar éstas, puede escribir sus propias frases incompletas y cambiarlas por las de un(a) compañero(a) de clase, completando cada persona las frases de la otra.

1. Si Tarzán no hubiera conocido a Jane, . . .
2. Si Alexander Graham Bell no hubiera inventado el teléfono, . . .
3. Si Cristóbal Colón no hubiera descubierto el Nuevo Mundo, . . .
4. Si nuestra clase no tuviera profesor(a), . . .
5. Si yo no me hubiera levantado esta mañana, . . .
6. Si hubiera estudiado francés en vez de español, . . .
7. Si (no) hubiera salido anoche, . . .
8. ¿_____?

D. La nostalgia y Ud.

La popularidad actual de Tarzán representa un ejemplo de nostalgia, un renacimiento (*rebirth*) de interés en lo antiguo. ¿Cómo reacciona Ud. a la nostalgia de hoy? Discuta sus opiniones con unos(as) compañeros(as) de clase.

—¿Puede Ud. nombrar algunos aspectos del pasado que son populares hoy: en la ropa, en el cine, en la televisión, en la música, en las historietas cómicas (*comic books*), en el lenguaje, etc.?

—Entre estas manifestaciones de la nostalgia, ¿cuáles le gustan más a Ud.?, ¿a sus compañeros? ¿Por qué?

—¿Es Ud. aficionado a la nostalgia? ¿Por qué sí o por qué no? ¿Y sus compañeros?

—¿Pueden Uds. encontrar una explicación para la popularidad de lo viejo?

—En la opinión de Ud., ¿cuáles son algunos de los fenómenos actuales que serán recordados nostálgicamente por futuras generaciones?

E.   Una aventura personal

La vida de Tarzán fue una serie de aventuras. Aunque el hombre moderno no pueda duplicarlas, todavía existen muchas otras que podemos experimentar (*experience*). Imagínese que Ud. va a participar en un concurso (*contest*) en el cual se solicitan descripciones de aventuras ideales. El primer premio es la oportunidad de realizar su aventura. Para ser considerado, solamente hay que escribir una carta en la cual conteste estas dos preguntas:

1. Para Ud., ¿qué es la aventura? Es decir, ¿cuáles son las características de la aventura?

2. ¿Cómo es su aventura ideal? Descríbala en detalle, incluyendo todas las consideraciones que le parezcan importantes: lugar, duración, compañeros, actividades, etc.

Variaciones sobre el tema

1. Se ha dicho que al hombre moderno le faltan héroes. Comente Ud.

2. Defender o atacar: La existencia de la nostalgia se debe a un deseo de escaparse de la realidad del tiempo actual.

3. Muchas de las figuras de la cultura popular de hoy son seres extraordinarios que tienen poderes sobrehumanos—El Hombre y la Mujer Biónicos, el Superhombre, la Supermujer, el Hombre Araña, etc. ¿Cómo se explica su popularidad? ¿Por qué se crean héroes irreales?

4. Imagínese que Ud. está colaborando con Edgar Rice Burroughs en la producción de otra novela sobre las aventuras de Tarzán. El título de ésta será *Tarzán en* _____ (la ciudad de Ud.). Ud. tiene que escribir la primera versión de este cuento para la revisión del autor principal.

12

El hombre que habla con los delfines

Port Elizabeth, a orillas del océano Indico, no es sólo
el tercer puerto sudafricano, sino también una en-
cantadora ciudad balnearia.° Una de las atrac-   **ciudad** . . . beach resort
ciones que reserva para los turistas en su vasto
5 *Oceanarium* son sus dos delfines domesticados:
«Lady Haig» y «Dimples». Son dos hembras°: la   females
más popular es «Lady Haig», que hace trucos° muy   tricks
divertidos. Entre otras cosas, remolca° una pe-   pulls
queña barca cuyo pasajero es un pingüino, tam-
10 bién bien domesticado, que responde al nombre de
«Capitán» y se toma muy en serio su papel de comandante.

EL CEREBRO MAS DESARROLLADO
DEL MUNDO ANIMAL

15 Los delfines son unos animales muy especiales y han atraído la atención de los hombres desde tiempos muy remotos. Sin embargo, son todavía mal comprendidos por el hombre. Apenas hace unos quince años que se les ha comenzado a es-
20 tudiar científicamente. Hoy no cabe duda de que el delfín es el más inteligente de los animales. Con relación a su volumen y a su peso, su cerebro es el más desarrollado de todo el mundo animal, incluido el chimpancé.

25 Aquí sigue una entrevista con Colin Taylor, el hombre que ha capturado y domesticado a «Lady Haig» y «Dimples». Ahora se esfuerza por penetrar en los secretos de su lenguaje, porque los delfines hablan y son charlatanes.°   talkative

30 ## CODIGO DE SILBIDOS°   **Código** . . . Whistle code

—Comencé a interesarme por los delfines cuando era muchacho—me dice Colin. Vivía cerca de Ciudad del Cabo, y con unos amigos de mi edad iba a bañarme regularmente a una bahía° donde   bay
35 los delfines acudían° a nuestro encuentro y nada-   came ban a nuestro lado. Nos entendíamos muy bien; se dejaban acariciar° y se divertían mucho en nuestra   **se** . . . they let themselves be petted, stroked compañía. Son los únicos de la fauna° marina que   animal life pueden comunicarse verdaderamente entre sí. Pue-
40 den emitir silbidos agudos° y breves muy variados   sharp, shrill que constituyen un verdadero código. Hemos po- dido descifrar° sus señales, aunque son muy com-   to decode plicadas. Entre las indicaciones que se transmiten unos a otros pueden notarse: «arriba», «abajo», «a
45 la izquierda», «a la derecha», «alto», «banco de peces° a la derecha», «un tiburón° me ataca». . . .   **banco** . . . school of fish / shark

El lenguaje de los delfines se compone de cierto número de elementos. Se ha conseguido aislar, descifrar y registrar° 500 de esas señales que [to record] forman la base de un verdadero lenguaje. Por supuesto, los delfines no pueden expresar ideas abstractas. Sus mensajes tienen estrictamente un carácter práctico, pero pueden ser precisos y detallados. Entre las cosas que más interesan a los científicos está el hecho de que este lenguaje puede desarrollarse.° [be developed]

Hasta ahora se ha cumplido la mitad de la tarea: comprendemos lo que dicen nuestros alumnos. Ahora comenzamos un sistema que nos permita hablar su lengua y realizar así la comunicación en dos sentidos.° Añade Taylor, —Como le he [en . . . two-way] dicho, soy especialista en sonar y en todos los sistemas electrónicos de comunicación. Actualmente trabajamos para traducir la palabra humana en silbidos modulados comprensibles para los delfines. «Dimples» está comprendiendo ya los primeros signos° de esto. Cuando estemos más adelantados, [signals] podremos enseñar nuevas palabras a los delfines y darles órdenes.

NO COMPRENDEN, PERO ESCUCHAN

—Al contrario de lo que sucede a muchas personas humanas, los delfines sólo hablan cuando tienen algo interesante que decir. Cuando no hay espectadores, su vida es monótona, totalmente sin historia. No comienzan a emocionarse hasta que las gradas° están llenas. Todavía no entendemos todo [bleachers, grandstands] lo que dicen; supongamos que las observaciones que intercambian en este momento no disgustarían a nadie si fueran comprendidas. Pero Colin Taylor me dice esto riendo, y no hay que tomarlo demasiado en serio.

—Uno puede tener peces durante años —continúa —sin poder enseñarles nada. Esto no es cierto
85 en lo que se refiere a los delfines. Pueden aprender
muchas cosas. Pero no se les puede enseñar si no
se comprende su psicología. Al ser capturados son
muy miedosos y tímidos. Es preciso uno o dos años
de cautividad para conquistar su confianza. Son
90 muy sensibles° a la voz humana. Ciertamente no   sensitive
tienen ni idea de lo que se les dice, pero les gusta
mucho escuchar las palabras. Es indudable que
comprenden que se intenta comunicar con ellos y
esto les gusta mucho. Conozco muy bien a mis ani-
95 males y sé que están interesados por lo que digo y
que se esfuerzan por° comprenderlo.   **se** . . . make an effort to

AMISTAD Y CONFIANZA

—¿Cómo empezó Ud. a amaestrar° a sus del-   to train
fines?
100 —Como sucede con todos los animales, la primera etapa consiste en acostumbrarlos a comer en
la mano. Cuando uno llega a tal punto, está a mitad
de camino° del éxito total. El alumno comienza a   **a** . . . half way
tener confianza. Cuando se ha conquistado así su
105 confianza, el gran problema es conservarla. Los
delfines son sensibles al menor gesto de cansan-
cio,° al menor cambio de tono en la voz. Esta ex-   tiredness

trema sensibilidad muestra que están verdaderamente en la cumbre° de la escala animal: pueden   top
110 pensar, pueden razonar y pueden ser educados.
Así, pueden dar algo más que su confianza: una
amistad que no tiene límites.

TORPEDOS VIVIENTES°   live

—También, dice Taylor muy convencido, los
115 delfines pueden rendir al hombre del mar los servicios que prestan al hombre en tierra los perros
pastores alemanes. Podrán localizar los bancos de
pesca e impulsarlos hacia los buques pesqueros.°   **buques** . . . fishing boats
Pueden llevar botellas de oxígeno a los trabaja-
120 dores en las grandes profundidades del mar. Pero
considero que será como salvadores como podrán
prestar el mayor servicio. Un delfín enviado en so-
corro° de un nadador en apuros° no tiene dificultad   aid / **en** . . . in trouble
en localizarlo. Los delfines pueden alcanzar° una   reach
125 velocidad de 12 metros por segundo, o sea° más de   **o** . . . that is
40 kilómetros por hora, y pueden llegar en menos
tiempo del que necesitaría una tripulación° de   team, crew
hombres. También se sabe que los delfines han
ayudado y salvado a los nadadores por su propia
130 iniciativa sin haber experimentado° ningún amaes-   experienced
tramiento. Parece que para los delfines, esto es un
acto instintivo.
Entrenar así a los delfines sería un magnífico
programa. Son instintivamente amigos del hombre
135 y les gusta vivir en simbiosis con éste. Existe una
especie de acuerdo tácito que podría expresarse de
la siguiente manera: «Dame tu afecto y tu protección y yo te querré y te protegeré. . . .» Cuando
seamos verdaderamente amigos de los delfines,
140 cuando podamos comprenderlos fácilmente, las
profundidades del mar no tendrán ya secretos para
nosotros.

Adaptación de un artículo de *Los domingos de ABC* (Madrid) por
André Villers

actividades

A. ¿Comprende Ud.?

Primera parte: **Para ver si Ud. ha entendido bien la lectura, conteste las siguientes preguntas.**

1. ¿Qué son y dónde están «Lady Haig» y «Dimples»?
2. ¿Por qué son muy especiales los delfines?
3. ¿Quién es Colin Taylor?
4. ¿Cómo pueden hablar los delfines?
5. ¿Cuáles son algunos ejemplos de lo que pueden decir?
6. ¿Qué límites tiene el lenguaje de los delfines?
7. Una parte del trabajo de los científicos es comprender lo que dicen los delfines. ¿Cuál es la otra parte?
8. ¿Cuándo hablan los delfines?
9. ¿Qué se debe saber de los delfines si uno quiere enseñarles algo?
10. ¿Cómo se comienza a ganar la confianza de un animal?
11. ¿Qué habilidades indican que los delfines son los animales más inteligentes?
12. ¿Cómo pueden estos animales servir al hombre?
13. ¿Cuál parece ser la actitud del delfín ante el hombre?

Segunda parte: **Conteste las siguientes preguntas para expresar sus opiniones sobre la lectura.**

1. ¿Debe el hombre continuar la domesticación de los delfines o debe dejarlos en paz? Explique su punto de vista.
2. Algunas personas creen que es más agradable trabajar con animales que trabajar con seres humanos. ¿Qué piensa Ud.?
3. ¿Quién(es) debe(n) pagar las investigaciones científicas de los delfines? ¿Debemos seguir estos estudios?

B. El arte de la comunicación

Primera parte: El entrenador de los delfines les da comida para ganar su confianza y para motivarlos a hacer sus trucos. También nosotros motivamos a los demás para que hagan lo que deseamos. A veces les damos premios (*rewards*), otras veces los amenazamos. ¿Qué podríamos decir en las siguientes situaciones para animar a la persona a hacer lo que queremos?

EJEMPLO: Trate de convencer a un amigo que le ayude a pintar la casa.

—Oye, amigo, ¿no quieres ayudarme? Es muy divertido pintar una casa.
—Si no me ayudas a pintar la casa, te voy a pegar (*hit*).
—Por favor, si no me ayudas, no termino hasta las once de la noche, y hay una fiesta en casa de Teresa esta tarde a las ocho.

Trate Ud. de convencer. . . .

1. a otra persona que salga con Ud.

2. a la abuela que prepare su plato favorito

3. a unos niños que dejen de hacer ruido

4. a un(a) hermano(a) que le permita a Ud. usar su _____

5. a una persona desconocida que le preste a Ud. $5,00

6. a un(a) profesor(a) que le conceda a Ud. permiso para tomar un examen para el cual Ud. no se presentó

7. ¿_____?

Segunda parte: Con otra persona, trate de dramatizar una de las situaciones mencionadas. Uno de Uds. tratará de convencer al otro; la segunda persona será difícil de convencer.

C. ¿Qué le dice?

Todos hablamos con otras personas, pero también solemos hablar en otras circunstancias, por ejemplo, a las plantas, a los coches u otros aparatos mecánicos o a nosotros mismos. Reúnase con un grupo de compañeros(as) de clase y haga una lista de ejemplos de tales comunicaciones:

(1) ¿A qué cosas no-humanas hablan? ¿En qué circunstancias? ¿Qué les dicen?

(2) ¿Cuándo se hablan Uds. a sí mismos? ¿Qué se dicen?

Luego, comparen las respuestas de su grupo con las de otros grupos. ¿Cuántas similaridades hay entre ellas? Hagan una lista de las que Uds. tienen en común.

D. Lo trivial: un *test*

Primera parte: A mucha gente la fascinan los temas triviales—la información no-esencial pero muy interesante. A continuación hay un pequeño *test* sobre los animales. Siete de las oraciones son verdaderas. ¿Puede Ud. encontrar las falsas? Estas están indicadas y corregidas al pie de la página.

1. Hoy día el animal más alto es la jirafa (*giraffe*).
2. El elefante es el animal que más años vive.
3. El huevo del tiburón-ballena (*whale-shark*) tiene 12 pulgadas (*inches*) de largo; 5,5 pulgadas de ancho; 3,5 pulgadas de alto.
4. El murciélago (*bat*) es el único mamífero (*mammal*) que puede volar.
5. El caballo que más vivió, tenía 41 años cuando murió.
6. Según el *American Kennel Club*, hay más caniches (*poodles*) en los Estados Unidos que cualquier otra raza de perro.
7. El perro que más pesa es el Gran Danés (*Great Dane*).
8. El chihuahua adulto más pequeño del mundo pesó diez onzas.
9. En Nueva York hay un restaurante elegante para los perros donde se les sirve comidas exquisitas en comedores privados.
10. Algunos pingüinos pueden nadar a una velocidad de 23,3 millas por hora.

Segunda parte: Ahora traigan Uds. a clase sus propias oraciones verdaderas o falsas sobre algunos temas triviales. ¿Pueden identificar las falsas?

Frases falsas: 2. tortuga; 5. 62 años; 7. San Bernardo

Respuestas

E. Señales de comunicación

La lectura nos indica el trabajo que han hecho los científicos para descifrar el código de los delfines. ¿Es Ud. muy bueno para descifrar códigos? Vamos a ver. El párrafo que sigue es el testamento (*will*) de una persona que ha muerto. Como no ha indicado las mayúsculas (*capital letters*) ni la puntuación apropiada, queda ambiguo el testamento y no se sabe quién debe recibir los bienes (*property*) del muerto. Según la puntuación que se le pone, hay cinco interpretaciones diferentes. En cada interpretación, todos los bienes serán para un solo beneficiario: el sobrino Rafael, la sobrina Carlota, el notario, los abogados, o el Estado. Lea Ud. el testamento varias veces en voz alta, variando la entonación y las pausas para descubrir las cinco interpretaciones. Entonces, usando mayúsculas y signos de puntuación (los puntos, puntos de interrogación, comas, puntos finales), indique las cinco maneras de escribir el testamento. (Las respuestas están al pie de la página.)

TESTAMENTO

«Después de pensarlo bien dejo todo lo que tengo a mi sobrino Rafael no a mi sobrina Carlota tampoco se debe pagar la cuenta del notario nunca jamás para los abogados todo lo dicho es mi última voluntad»

Respuestas

«Después de pensarlo bien dejo todo lo que tengo a mi sobrino Rafael, no a mi sobrina Carlota. Tampoco se debe pagar la cuenta del notario. Nunca jamás para los abogados. Todo lo dicho es mi última voluntad.»

«Después de pensarlo bien dejo todo lo que tengo ¿A mi sobrino Rafael? No, a mi sobrina Carlota. Tampoco se debe pagar la cuenta del notario. Nunca jamás para los abogados. Todo lo dicho es mi última voluntad.»

«Después de pensarlo bien dejo todo lo que tengo: ¿A mi sobrino Rafael? No. ¿A mi sobrina Carlota? Tampoco. Se debe pagar la cuenta del notario. Nunca jamás para los abogados. Todo lo dicho es mi última voluntad.»

«Después de pensarlo bien dejo todo lo que tengo ¿A mi sobrino Rafael? No. ¿A mi sobrina Carlota? Tampoco. ¿Se debe pagar la cuenta del notario? Nunca jamás. Para los abogados, todo. Lo dicho es mi última voluntad.»

«Después de pensarlo bien dejo todo lo que tengo ¿A mi sobrino Rafael? No. ¿A mi sobrina Carlota? Tampoco. ¿Se debe pagar la cuenta del notario? Nunca. Jamás para los abogados. Todo lo dicho es mi última voluntad.»

Variaciones sobre el tema

1. Defender o atacar: El hombre es amigo de los animales.

2. Le lectura nos presenta las ideas de un hombre, Colin Taylor, sobre los delfines. Imagínese Ud. que un delfín pudiera hacer comentarios sobre el hombre. ¿Qué diría? ¿Qué observaciones haría? ¿Por qué?

3. Supongamos que fuera posible emplear palabras del lenguaje humano para enseñarles a los delfines algo de la psicología del hombre. ¿Cuáles serían las cinco palabras que Ud. usaría para que el delfín comprendiera algo de nuestra manera de ser? Explique la razón por la cual Ud. usaría cada palabra.

13

Los OVNIS: una realidad

¿Existen los OVNIS?° ¿Es realidad el fenómeno o simple ficción? Hace unos treinta años que los grandes países tratan de aclarar este complejo misterio. Todo comenzó—con respecto a lo que llama-
5 mos la era moderna—el 24 de junio de 1947 en el estado de Washington. Ese día el piloto civil norte-americano Kenneth Arnold estaba volando entre Chehalis y Yakima cuando, a una altura de 2.800
10 metros, vio aparecer una sucesión de nueve objetos hacia el norte del Monte Rainier. Así, por su forma geométrica, Arnold los bautizó «flying saucers», es decir, platillos volantes.

UFOs (**OVNIS = objetos volantes no identificados**)

141

Al año siguiente, el 7 de enero de 1948, cen-
15 tenares de ciudadanos° observaron un objeto
grande que brillaba hermosamente sobre la localidad de Madisonville, en Kentucky. Más tarde miles
de personas habían visto el objeto. A las 13:45 horas
de aquel día la extraña «cosa» sobrevolaba° la
20 Base Aérea de Godman, cerca de Fort Knox. El coronel Guy F. Hix, entonces Comandante de la Base,
dió una orden por radio para que tres cazas de hélices,° los F-51, lograran contacto° con el objeto. La
escuadrilla° en cuestión estaba al mando° del ca-
25 pitán Thomas A. Mantell, piloto con ejemplar hoja
de servicios° por sus acciones en la Segunda Guerra
Mundial.

centenares . . . hundreds of
people

was flying over

cazas . . . propeller-driven
fighter planes / lograran . . .
to make contact / squadron /
al . . . under the command
ejemplar . . . exemplary
service record

FORMA DE SOMBRILLA°

parasol

A las 14:45 horas, el capitán Mantell habló a la
30 torre de control del aeropuerto militar: «He visto el
objeto. Lo tengo sobre mi cabeza. Trataré de aproxi-
marme a él para verlo bien. Ahora lo tengo enfrente. Parece metálico . . . es de un tamaño° tremendo. . . . Ahora se eleva y va tan rápido como
35 yo (580 km/h°). Voy a subir hasta 6.000 metros. Si no
puedo alcanzarlo° abandonaré la persecución».°
Entretanto el coronel Hix observaba el objeto a
través de prismáticos° y lo describió así: «Tenía la
forma de una sombrilla. La mitad del tamaño apa-
40 rente de la Luna.° Era de color blanco con la excepción de una banda colorada, que parecía
girar».°
De los tres pilotos, dos abandonaron la persecución, pues el objeto había desaparecido a una
45 «velocidad espantosa».° Sólo Mantell siguió ascen-
diendo. Su último mensaje a la torre de control fue:
«No consigo alcanzarlo. Pronto tendré que abandonar el seguimiento». Luego calló° para siempre.
Horas después, en aquel mismo día, el cadáver de

size

kilometers per hour
catch up with it / pursuit

a . . . through binoculars

La . . . Half as large as the
moon appeared to be
to rotate

frightful

He became silent

50 Mantell apareció cerca de los restos del avión accidentado a 143 kilómetros de la Base Aérea. Testigos presenciales° coinciden en afirmar que el F-51 pareció explotar en al aire, desintegrándose antes de llegar a tierra.

Testigos . . . Eyewitnesses

55   Aquello no fue un hecho aislado—miles de OVNIS se han visto en todos los continentes. Pero, ¿esto es cuestión seria o simple alucinación colectiva? Muchas personas importantes y serias han opinado que el fenómeno es real.

60   Hermann Julius Oberth, padre de la astronáutica y maestro de Werner Von Braun, ha dicho: «Los verdaderos científicos no pueden ignorar el estudio de los OVNIS porque se trata de un problema muy

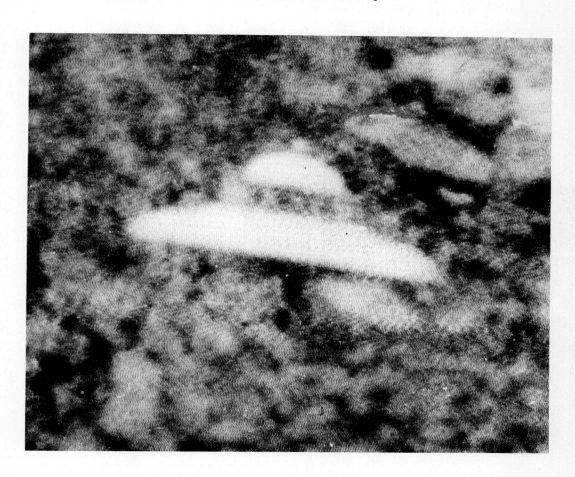

serio. Personalmente creo que nuestros enigmáticos
65 visitantes pueden proceder de los planetas este-
lares, en ningún modo del sistema solar. Siendo así,
los OVNIS quizás vienen de alguno de los planetas
que giran alrededor de Tau Ceti o de Epsilón Eri-
diani, dos de los soles más próximos al nuestro. Estos
70 seres del espacio, los «uránidas», como yo los
llamo, son seres que el hombre no puede imaginar.
Si vienen de mundos tan lejanos,° como supongo,   distant
es posible que viajen a velocidades comparables a
la de la luz, utilizando un sistema de viajar incom-
75 prensible para nosotros».

   El profesor Clyde Tombaugh, astrónomo que
descubrió el planeta Plutón en 1930, una noche vio
personalmente un OVNI en forma de cigarro ilu-
minado, y dijo más tarde en la prensa: «Esas cosas
80 que parecen estar dirigidas son diferentes de cualquier otro fenómeno que yo haya observado».

   A pesar de° tales observaciones, se suele decir   **A** . . . In spite of
que las personas serias no pueden creer en esos
platillos voladores, pero no es así. En realidad, hay
85 personas de opiniones confiables que expresan su
creencia en los OVNIS:

      «Yo creo que existen los OVNIS»: el doctor
Carl Sagan, astrónomo y miembro de la Academia de Ciencias de los Estados Unidos y de la
90 NASA (Agencia Nacional de Aeronáutica y del
Espacio).

      «Yo he visto varias veces discos volantes que
seguían y sobrepasaban misiles en vuelo en la
Base Experimental de White Sands, situada en
95 Nuevo México. Como se sabe, allí fue probada la
primera bomba atómica»: Coronel Mac Laughlin,
experto en cohetes.°   rockets

      «Los platillos voladores, o cualquier nombre
que se les dé, existen»: Barry Goldwater, ex-can-
100 didato a la presidencia de los Estados Unidos y
coronel de la reserva de la USAF (la Fuerza
Aérea de los Estados Unidos).

«Yo estoy convencido de que esos objetos existen y que no son fabricados por ninguna nación de la tierra. Por tanto, no veo otra alternativa que aceptar la teoría según la cual su origen es extraterrestre. Creo que hay gentes en otros planetas, que actúan por medio de los 'platillos volantes'»: Lord Dowding, Mariscal° del Aire de la RAF (Real Fuerza Aérea de la Gran Bretaña).

Marshal

«Los objetos desconocidos están controlados por seres inteligentes»: Roscoe H. Hillenkoetter, el primer Director que tuvo la CIA (Agencia Central de Inteligencia de los Estados Unidos).

«Son muchos los astrónomos profesionales que están convencidos que los 'platillos' son máquinas interplanetarias. Yo creo que provienen de° otro sistema solar y que pueden utilizar a Marte° como base. El gobierno sabe lo que son los 'platillos' pero teme que se produzca el pánico si se revelan los hechos»:° Frank H. Halstead, astrónomo que administra el Observatorio Duluth en Minnesota, Estados Unidos.

provienen . . . come from Mars

facts

Leídos los anteriores conceptos, ya no podemos evitar una pregunta seria: ¿Estamos solos en el cosmos? Consideremos las probabilidades. Los astrónomos coinciden en aceptar que sólo en nuestra galaxia existen cientos de millones de planetas habitables similares a la Tierra—y nuestra galaxia es solamente una de millones de millones de galaxias que existen en el Universo. La mente humana no puede captar la dimensión ni siquiera° aproximarse a ella.

ni . . . not even

En vista de todo esto, ¿podemos seguir pensando que el hombre que nace en la Tierra es el único que habita el Universo y que los OVNIS no son más que psicosis colectiva?

Adaptación de un artículo de *Decisión* (Bogotá) por Jaime Lasprilla Lozano

actividades

A. ¿Comprende Ud.?

Primera parte: **Para ver si Ud. ha entendido bien la lectura, decida si las siguientes preguntas son verdaderas o falsas. Si una oración es falsa, corríjala y añada más información.**

1. El término *platillo volante* se originó con el piloto norteamericano Kenneth Arnold.

2. Thomas Mantell fue el único piloto que murió en la persecución del OVNI del 7 de febrero de 1948.

3. Según el maestro de Werner Von Braun, los seres que nos visitan en los OVNIS probablemente viven en los soles más próximos al nuestro.

4. El profesor Clyde Tombaugh vio un OVNI en el planeta Plutón en 1930.

5. Según el Coronel Mac Laughlin, los OVNIS son misiles de la Base Aérea de White Sands.

6. El señor Barry Goldwater piensa que sólo las personas tontas creen en los OVNIS.

7. Según el astrónomo Frank Halstead el gobierno de los EE.UU. tiene información secreta sobre los OVNIS.

8. Parece seguro que hay en el universo muchos planetas en los cuales podría existir la vida inteligente.

Segunda parte: **Conteste las siguientes preguntas para expresar sus opiniones sobre la lectura.**

1. En la opinión de Ud., ¿qué piensa el autor de este artículo con respecto a los OVNIS? ¿Por qué cree Ud. eso?

2. ¿A qué causa se puede atribuir el accidente mortal del piloto Thomas Mantell?

3. ¿Es posible que una persona seria e inteligente pueda creer en los platillos volantes? Defienda su punto de vista.

B. El tiempo y lo imposible

Primera parte: Entre las cosas que nos parecen completamente normales ahora hay algunas que hace unos años no existían, o existían sólo en la imaginación de alguien. Por ejemplo, cuando nuestros abuelos eran niños, no se creería que un hombre pudiera algún día visitar la luna. ¿Qué otras cosas de hoy día parecerían imposibles hace unos cuantos años? ¿A quiénes y por qué?

Segunda parte: Imagínese que está Ud. en el siglo veintiuno. ¿Qué cosas o fenómenos existen en este mundo que se consideraban imposibles en el siglo veinte? ¿Cuál(es) ofrece(n) el mayor beneficio para la humanidad?, ¿el mayor peligro?

C. La percepción extrasensorial

Primera parte: ¿Qué opina Ud. de los siguientes fenómenos? Indique Ud. hasta qué punto cree en ellos, poniendo una «X» en el cuadro apropiado. Luego, compare sus opiniones con las de algunos de sus compañeros(as) de clase.

	No creo	Improbable	No estoy seguro(a)	Posible	Sí creo
Telepatía: la comunicación de información de una persona a otra sin emplear ninguno de los cinco sentidos.					
Clarividencia: el poder de comprender y discernir claramente las cosas sin haberlas aprendido.					
Precognición: el conocimiento de algo que no ha ocurrido todavía.					
Espiritismo: la comunicación entre los muertos y los vivos con la ayuda de un *medium*.					
Pre-experiencia (Déjà vu): el sentido de haber experimentado (*experienced*) antes la misma situación en la cual uno se encuentra ahora.					
Psicokinética: el movimiento de objetos por medio de fuerzas mentales.					

Segunda parte: ¿Ha tenido Ud. (o alguna persona que Ud. conozca) una experiencia personal con uno o más de los fenómenos mencionados arriba? Si Ud. no ha tenido tal experiencia, invente una. Cuénteles la experiencia a sus compañeros(as) de clase. ¿Cómo reaccionan ellos(as)? ¿Creen lo que Ud. les cuenta?

D. Técnicas de persuasión

El autor de este artículo intenta hacer creer a los que tienen dudas sobre la existencia de los OVNIS. Piense Ud. en la manera en que el autor ha tratado de convencerles a sus lectores que los OVNIS son un fenómeno serio. ¿Qué técnicas usa para que aceptemos su proposición? ¿Le convence a Ud.? Si no, explique por qué.

Variaciones sobre el tema

1. Debate: Hay seres en otros planetas.
2. El interés en los OVNIS parece ser más intenso ahora que estamos aprendiendo a viajar fuera de nuestro planeta. Un aspecto interesante de esto es que muchas de nuestras aventuras de ahora eran posibles sólo en la ciencia ficción hace 10 ó 20 años.
   —¿Qué novelas o cuentos de ciencia ficción ha leído Ud.? ¿Qué películas o programas ha visto? ¿Le han gustado? ¿Por qué sí o por qué no?
   —¿Por qué ha sido tan popular la ciencia ficción?
   —¿Considera Ud. la ciencia ficción como pura fantasía o cree que tiene algo de verdad?
   —¿Qué nos dice la ciencia ficción sobre la habilidad especulativa del hombre?

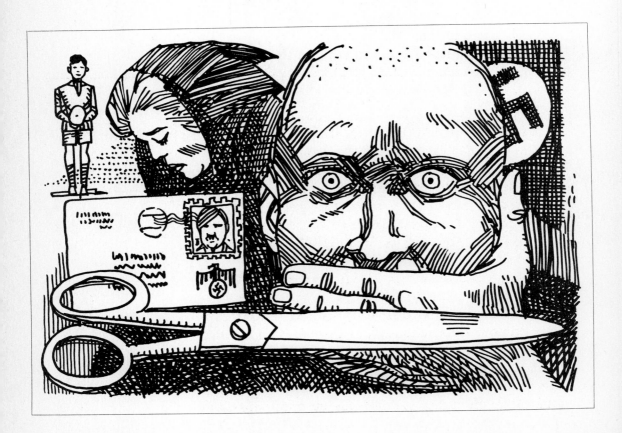

14

La voz decapitada

¡Carta de Alemania! Por fin, por fin. ¡Hijo mío! ¡Ay, gracias a Dios! ¿Pero Tony hace ahora letra° alemana? Pues la hace, porque es su letra.° ¡Y ese odioso sello carcelario!° Preso.° Lo tienen preso
5 todavía. ¿Cuánto tiempo hace ya? Me parece siglos. La otra carta . . . ¿de cuándo fue? Habrá cambiado Tony, seguro, ¿Llevará su mechón° de pelo sobre la frente?°

  Pero, ¿qué espero para leer la carta? Es que
10 . . . la verdad . . . tengo miedo. ¿De qué? La carta está ahí, diciéndome que Tony está vivo. Cierto. Pero primero debo calmar mis nervios. Voy a su cuarto. El mismo lo escogió desde el primer día que vinimos a ver la casa nueva. Subió corriendo al piso
15 alto y me gritaba desde allá, «Mamá, mamita, sube. Mira mi cuarto». Y éste fue su cuarto desde

script
handwriting
odioso . . . hated jail stamp / Prisoner

lock
forehead

151

entonces. La verdad es que me siento muy bien aquí. La vista del mar y de las islas me calma los nervios. Aquí he bordado y tejido,° soñado y es-
20 perado.

* * *

No debí aprobar° ese viaje a Alemania. Pero, vamos a ver: ¿lo hubiera podido impedir?° ¡Si es que estos hombres—él y su padre—han sido testa-rudos°. . . ! ¡Ay, Dios!

* * *

25 ¡Qué cosa!, que ya sin lentes no veo casi nada. Tal vez fuera mejor no ver, porque esta carta . . . ¡letra alemana. . . ! ¡¿ desde cuándo escribe con le-tra alemana?! Pero es su letra. Y esa estampilla tan grande. ¡Ay, qué bien quemaría con su Hítler y
30 todo! Pero no. Se la guardaré para su colección. A ver. Hay que cortar por la pura orilla del sobre,° con muchísimo cuidado, como yo le enseñaba, de niño, a recortar figuritas con las tijeras.° ¡Ay, qué sello ése! ¡El sello de la censura! Sí, tiene que ser
35 eso: 'Censura'. Por eso, no me ha mandado más cartas Tony. Me las ha mandado, sin duda, pero quién sabrá adónde habrán ido sus cartas. Y como él es tan poco prudente para decir lo que piensa . . . la censura se habrá apoderado de° ellas, sin
40 duda. Porque la última carta . . . fue del principio de la guerra, me decía que lo habían puesto preso, pero que era cosa de pocos meses. «No te aflijas,° mamita, que nada va a pasarme». ¡Qué no te afli-jas! Como si fuera tan fácil. Ya me imagino lo que
45 pasó. Se habrá puesto a hablar contra el nazismo. Y tal vez en público, o en alguna manifestación pública. La voz lo habrá llevado a la prisión. Su voz . . . ¡qué voz! Su voz y su palabra, porque Tony habla bien. El padre Eusebio le dijo, la noche de la
50 graduación, que con esa voz llegaría a ser presi-

bordado . . . embroidered and knitted

approve
to stop, to impede

stubborn

orilla . . . edge of the envelope

scissors

apoderado . . . seized, taken possession of

No . . . Don't be worried

dente. Y las muchachas le admiraban la voz cuando
cantaba—y se lo decían.

Iluso.° Tony, Tony. Tan iluso. Te habrás puesto
a hablar. Y la Gestapo te habrá encerrado.
55 ¿«Encerrado» solamente? Quién sabrá lo que te
han hecho, porque pensar en la Gestapo es pensar
en atrocidades. «Se ignora dónde está», dijeron
cuando pedí que Tony fuera incluido en el canje°
de prisioneros. Mentirosos. Rebelde te quiero, Tony,
60 rebelde, como Sebastián, tu padre. Llevas su sangre y la mía.

La carta tiene manchas.° Parece cosa de lá-
grimas° o de sangre. Los rasgos° de la letra están
muy cambiados. Pero la frase inicial es muy suya:
65 «Resígnate, mamita». (¿Dónde está mi pañuelo?)
Siempre el mismo. Eso me dijo al tomar el barco
para Alemania: «Resígnate, mamita». Con eso y
un beso, se marchó.

¿Por qué tenía que ir a Alemania y no a Nor-
70 teamérica como queríamos su padre y yo? Cosas
de su abuelo, mi padre. ¿Que alguien tenía que
ponerse al frente° de la fábrica un día? Esa fue su
razón, aunque es claro que tenía que ser Tony,
puesto que yo era la única heredera.° Pero papá
75 no transigía° nunca. Todavía no comprendo cómo
accedió° a que me casara con Sebastián. ¡Ay, qué
hombres éstos. . .! Sebastián, eras magnífico. Te
le enfrentaste° a mi padre. Fuiste el único entre todos los que trabajaban en la fábrica. Te despidió
80 mi padre, sí. Pero volviste como jefe de la fábrica
. . . y como capitán de mi corazón. ¿Te acuerdas?

¡Qué pronto se pasa el tiempo! Luego vino
Tony. Casi me muero de parto.° ¡Qué niño más hermoso! ¡Qué pulmones!° ¡Y cómo lloraba! Pero era
85 tan alegre. Reía a toda hora. El era toda la felicidad
del mundo cuando jugábamos los tres en la cama
después de la cena. Vino la tos ferina.° ¡Qué an-
gustias! Pasaron las Navidades. Los regalos. Aquella

Dreamer

exchange

stains
tears / characteristics

ponerse . . . to take charge

heir (lit., heiress)
compromised
consented, gave in

Te . . . You confronted,
    opposed

de . . . in labor
lungs

tos . . . whooping cough

bicicleta—¡Madre mía!—le fallaron los frenos,° iba | le . . . his brakes failed
90 calle abajo . . . ¡cómo me lo trajeron con la cara
deformada y sangrando! Recuerdo que me dijo,
«Resígnate, mamita». ¿De quién lo aprendió? No
lo sé.

«Resígnate, mamita. Antes que nada te quiero
95 suplicar que no descuides° mi colección de sellos y | neglect
que la pongas al día.° Ya tú sabes que has de tener | la . . . bring it up to date
cuidado cuando abras los sobres de las cartas para
que no se rompan los dientes de las estampillas».
Ya, ya. Los hijos siempre creen que nos han ense-
100 ñado lo mismo que les hemos enseñado a ellos. «No
lo olvides, mamita. No lo olvides». ¿Cómo lo voy a
olvidar? Siempre mantenía el cuarto de baño lleno
con sus estampillas. Y qué furia si alguien se las
echaba a un lado.

105 ¡Qué contenta se va a poner Tonina cuando
vuelva del trabajo! Ella le ayudaba siempre con
tanta paciencia. Pero se pondrá nerviosa y va a
dañar la estampilla. Es mejor que yo termine esto
antes que ella llegue.

110 «Resígnate, mamita, y no te aflijas por mí. . . .
Yo estoy bien. Los jefes me quieren y hasta me han
asignado funciones de responsabilidad. He ganado
su confianza. Seguramente por allá se habla mal
del gobierno alemán. Eso es pura propaganda in-
115 sidiosa. La verdad es otra. Estoy feliz aquí. Van a
darme empleo con otros veinte hombres en una fábrica. Creo que tendré buen sueldo. Y cuando termine mi trabajo te sentirás feliz con tu hijo Tony que
te quiere siempre más».

120 (Mi pañuelo, ¿qué lo hice?°) ¡Qué ganas tengo | ¿qué . . . ? what did I do with it?
de saltar, de gritar, de coger todo un gobierno y
volverlo pedazos.° Paciencia, Señor, y a los sellos, | volverlo . . . destroy it
porque así lo quiere Tony. ¡Qué estampilla! Ver-
dosa.° Grande. ¡Qué asco!° Es Hítler. Hítler. Y pen- | Greenish / disgusting
125 sar que tengo que despegarla.° ¡Yo la volvería | to take it off (lit., to unglue it)
pedazos! Pero como Tony la quiere. . . . Pues, va-
mos a ver . . . agua . . . toalla. . . . Ya va despe-

154   *La voz decapitada*

gando. . . . Mejor que sea antes que Tonina vuelva
del trabajo. . . . Esa alocada° la dañaría. Hay que   half-witted girl
130 esperar un poco.

No regresará antes de terminar la guerra.
¡Cuánto tiempo vas a estar por allá todavía! Las
cosas tienen que mejorar algún día. Ya, ya despega
este sello. ¿Qué es eso? Unas letras pequeñitas de-
135 bajo de la estampilla. ¿Qué dicen? Necesito la
lupa.° Ya, ya. Con razón insistía tanto en su colec-   magnifying glass
ción. A ver: «Resígnate, mamita. Estos bandidos me
cortaron la lengua».

Adaptación de un cuento de Rogelio Sinán (Panamá)

actividades

A.   ¿Comprende Ud.?

Primera parte: **Para ver si Ud. ha entendido bien la lectura, conteste las siguientes preguntas.**

1. ¿Dónde está Tony?

2. ¿Desde qué punto de vista está relatado el cuento?

3. ¿Cómo seleccionó Tony su cuarto en la casa nueva?

4. ¿Por qué no ha recibido la madre de Tony muchas cartas de él?

5. ¿Qué razón da la madre para el encarcelamiento de Tony?

6. ¿En qué eran semejantes Tony y su padre?

7. ¿Por qué iba a ser Tony el jefe de la fábrica?

8. ¿Cuál era el pasatiempo favorito de Tony?

9. ¿Por qué habrá dicho Tony en su carta que lo de hablar mal del
   gobierno alemán era «pura propaganda insidiosa»?

10. ¿Qué importancia tiene la estampilla en la carta de Tony?

11. ¿Qué le ha pasado a Tony en la cárcel alemana?

Segunda parte: Conteste las siguientes preguntas para expresar sus opiniones sobre la lectura.

1. ¿Cómo reacciona Ud. a la admonición de Tony, «Resígnate, mamita»? ¿Debe ella resignarse o no? Explíquese.

2. En la opinión de Ud., ¿quién va a sufrir más ahora, Tony o su madre?

3. ¿Qué opinión tiene Ud. de Tony? Explíquese.

B. Esperando . . .

Primera parte: En la lectura, la madre sufre mucha ansiedad mientras espera noticias de su hijo. Las siguientes situaciones son algo «clásicas» en cuanto a esperar. ¿Qué hace Ud. o qué haría en cada una de ellas?

Ud. está. . . .

1. esperando el nacimiento de un niño

2. esperando en el consultorio del dentista

3. esperando la primera cita con alguien que le gusta mucho

4. esperando en la cola (*line*) del supermercado

5. esperando el resultado de una entrevista de empleo

6. esperando mientras se arregla el coche

Segunda parte: Además de esperar, hay muchas cosas que tenemos que hacer que requieren bastante tiempo. A veces nos molesta emplear el tiempo haciendo estas cosas, otras veces no. Por lo general, ¿cómo reacciona Ud. cuando tiene que emplear su tiempo en las siguientes «necesidades»? Use esta escala para indicar sus reacciones. Después, puede compararlas con las de algunos(as) compañeros(as) de clase.

0	1	2	3
no me molesta nada	me molesta algo	me molesta mucho	es inaguantable

—— limpiar mi cuarto
—— lavar la ropa
—— manejar largas distancias
—— lavarme los dientes
—— cocinar
—— escribir cartas
—— hablar por teléfono
—— limpiar el garaje
—— pagar las cuentas
—— buscar libros en la biblioteca
—— lavar los platos
—— ¿——?

C. Mensajes secretos

El propósito de un mensaje en clave (*code*) es el de decir algo de manera secreta. A veces en la vida diaria usamos «mensajes en clave». Considere Ud. las siguientes oraciones que frecuentemente oímos:

—Vuelva Ud. pronto.
—Está Ud. en su casa.
—Ay, lo siento muchísimo, pero tengo cita el viernes.

¿Qué significan en realidad estas oraciones? Con un grupo de compañeros(as) de clase, haga una lista de tales frases y otra lista de los significados escondidos que pueden tener. Por ejemplo, la oración «Lo siento, pero tengo cita el viernes» de verdad puede significar «No quiero salir contigo». Después de preparar sus listas paralelas, pueden discutirlas con el resto de la clase.

D. La resignación

Como la madre del cuento, muchas veces tenemos que resignarnos a una tragedia o a otra situación negativa. Sin embargo, a veces podemos responder activamente a tales situaciones para aliviar su impacto o hasta convertirlas en oportunidades positivas. Piense Ud. en algunas de las siguientes situaciones: ¿cómo se puede reaccionar positivamente frente a ellas?

1. Le han negado a Ud. la entrada en la universidad.

2. Lo han despedido a Ud. de su trabajo.

3. Lo han suspendido (*failed*) a Ud. en un examen.

4. Ud. ha tenido un accidente con el coche de otra persona.

5. Le han dado a Ud. una multa por exceder el límite de velocidad en la carretera.

6. Ud. no puede encontrar empleo.

7. ¿———?

E. ¿Quiere ser espía?

Para enviar su mensaje secreto, Tony utilizó una estampilla y así escondió físicamente la frase importante. Los espías (*spies*) también tienen que enviar mensajes secretos, pero en vez de esconderlos físicamente, suelen emplear claves. Antes de crear su propio mensaje en clave, trate Ud. de hallar la frase en clave de Tony en los dos ejemplos abajo. (Las claves (*keys*) están al pie de la página.)

La frase: *Estos bandidos me cortaron la lengua. Resígnate.*

1. En estos días me preocupo mucho por todos los bandidos que hay en nuestra tierra, y eso me hace recordar esa ocasión en que me cortaron las llantas de la bicicleta. Cuando llegó la policía, los bandidos les hablaron en una lengua extranjera, ¿te acuerdas? Y tú me dijiste, «Resígnate, hijo—hay que aceptar las cosas».

2. En estos días me preocupo mucho por todos
los bandidos que hay en nuestra tierra, y
eso me hace recordar esa ocasión en que algunos bandidos
me cortaron las llantas de la bicicleta nueva. Aunque
llegó la policía los bandidos se escaparon, gritando en
una lengua extranjera. Nunca los capturaron, ¿te
acuerdas? —«Resígnate, hijo» fue tu consejo.

Claves

1. Se lee cada octava palabra, empezando a leer con la segunda palabra del pasaje.

2. Se lee la segunda palabra de cada línea.

Ahora, trate Ud. de esconder la misma frase de manera que sus compañeros no la vean. Después de practicar con esta frase, tal vez Ud. y sus compañeros quieran enviar otros mensajes secretos también.

Variaciones sobre el tema

1. Una de las cualidades más notables de Tony fue su habilidad de hablar bien. ¿Qué habilidades se necesitan para la comunicación eficaz (*effective*)? Piense en una persona cuya habilidad de comunicar lo impresiona a Ud. Describa a esta persona: ¿Cómo es? ¿Qué hace? ¿Qué talentos tiene?

2. Las cartas son, tal vez, la manera más antigua de comunicación usada para largas distancias. Sin embargo, el escribir cartas es un arte que se va perdiendo. ¿Qué métodos de comunicación son los más usados hoy día? ¿Qué método(s) prefiere Ud.? Explique su(s) preferencia(s).

3. «La voz decapitada» podría servir fácilmente como base de una obra teatral o de una película. Si Ud. fuera a adaptar el cuento a una obra visual, ¿a qué escenas, personajes y reacciones daría más énfasis? Prepare un drama basado en el cuento y preséntelo en su clase. Mientras lo prepara, considere la posibilidad de emplear la técnica de *flashback*.

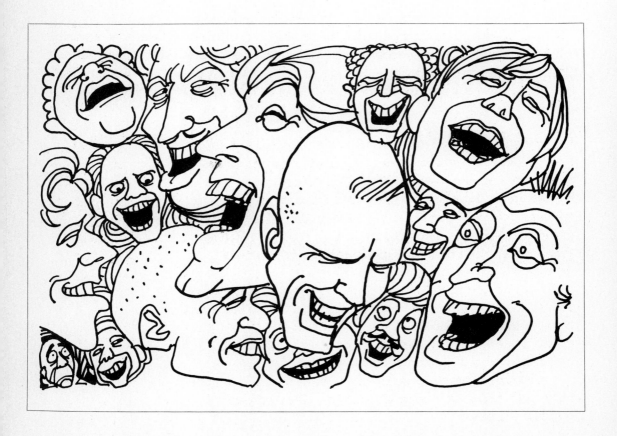

15

El humor

Un nuevo preso° estaba sentado a la mesa del co-   prisoner
medor de la cárcel cuando oyó a otro prisionero
gritar un número. Todos los que estaban ahí pre-
sentes se echaron a reír.° Unos minutos después,   se . . . burst out laughing
5 alguien gritó otro número y, de nuevo, hubo car-
cajadas.° Más tarde el nuevo encarcelado° le pidió   peals of laughter / prisoner
a un compañero una explicación de los números y
la risa. Este le respondió:
   —Pues, es que hemos pasado tanto tiempo
10 entre barrotes° que ya hemos contado todos los   entre . . . behind bars
chistes° que sabemos. Por eso, le hemos asignado   jokes
a cada cuento un número y lo único que tenemos
que hacer ahora es gritar los números.
   El nuevo preso quería ser aceptado por los
15 otros y la próxima noche durante la cena empezó
a gritar números:

—59.

Nadie se rió. «Quizás no les guste el número 59», pensó el nuevo residente. Unos minutos des-
20 pués gritó, en voz más alta:

—34.

Hubo un silencio como de tumba. Finalmente, decidió emplear uno de los números más populares de la noche anterior y en voz algo tímida, dijo,
25 —¿78?

Otra vez, nada.

Esa noche, ya en su celda,° le preguntó a su compañero por qué nadie se había reído de sus números. El compañero le contestó:
30 —Pues amigo, lo siento, pero hay personas que simplemente no saben contar chistes.

* * *

Como indica este cuento, el saber contar chistes
35 es un arte, un talento especial. Y, como todo arte, el humor constituye un comentario sobre la human- idad.

Considere Ud. lo que hace reír a la gente: los prejuicios, los estereotipos sociales y raciales, la
40 política y los problemas entre los sexos. Es decir, la comicidad se basa en las situaciones ridículas en que los seres humanos nos encontramos. El humor nos obliga a mirarnos a nosotros mismos y nos hace reconocer nuestras debilidades° y peculiaridades.
45 Otro aspecto interesante del humor es su forma de expresión. Por ejemplo, los juegos de palabras° y los chistes que terminan con situaciones inespe- radas, por lo general, provocan risa. También los gestos, que muchas veces «dicen» más que las pa-
50 labras, pueden presentar en lenguaje silencioso todo un comentario sobre la humanidad.

Pero lo que nos parece chistoso en los Estados Unidos tal vez no va a tener el mismo efecto en otros países. Es que no todos los tópicos° serán los mis-
55 mos en otras culturas. Sin embargo, todas las

cell

weaknesses

juegos . . . puns, plays on words

current and reiterated themes of discussion

culturas tienen sus formas de humor e, incluso, hay
ciertos temas que pueden causar risa en cualquier
parte. A pesar de° las diferencias lingüísticas y cul-   A . . . In spite of
turales, todos somos seres humanos y, por eso, po-
60 seemos muchas de las mismas peculiaridades.

Al leer los chistes que siguen, los cuales son
de origen español, piense Ud. en esta universalidad
de la condición humana . . . y ríase.

*   *   *

Automovilistas

65 (1)   Pérez: —Oiga. ¿Va Ud. a estar aquí mucho
              tiempo?
       López: —¿A Ud. qué le importa eso?
       Pérez: —Es que la rueda° de su coche está   tire (lit. wheel)
              encima de mi pie.

70 (2)   Antonio: —Este es mi regalo, Carlota.
      Carlota: —¡Un collar de perlas! ¡Pero yo
             quería un automóvil!
     Antonio: —Ya estuve preguntando, pero no
             tenían de imitación.

75 Médicos y enfermos

(3)   Señora: —¿Cuánto le debo, doctor?
      Médico: —Esta vez no le cobraré° nada, se-   no . . . I will not charge you
             ñora. Como su hijo ha contagiado
             a todos los niños del barrio . . .

80 (4)   Médico: —Bueno, señorita. Desnúdese° y la   Get undressed
             examinaré.
     Señorita: —Doctor, la que está enferma es mi
             mamá.
      Médico: —Ejem, saque la lengua,° señora.   saque . . . stick out your tongue

85 (5)   Médico: —¿Qué tal le ha ido con la medicina
             que le mandé para el estómago?
   Paciente: —Muy bien, doctor.
      Médico: —¡Estupendo! Desde mañana, la to-
             maré yo también.

(6)   El: —¡Te adoro, te adoro! Sé que no soy
                     guapo como mi amigo Raúl, ni rico
                     como mi amigo Jorge, ni tengo
                     coches como mi amigo Jaime. . . .
95   ¡Te amo! Soy pobre, pero te amo.
                     Déjame hacer algo por ti.

      Ella: —Está bien. Preséntame a tus amigos.

(7) Ella (*hablando por teléfono*):
                  —Sí, sí. Bueno, bueno. Entiendo. Sí, sí,
100   querido.° Hasta mañana (*cuelga el*   dear
                  aparato°).   **cuelga** . . . she hangs up

        El: —¿Quién era?
      Ella: —Mi marido. Dice que está en el club
                     contigo y que no vendrá a cenar.

105 (8) Padre: —¿Quién me asegura que no se casa
                     Ud. con mi hija por dinero?
     Joven: —Tenga en cuenta° que yo también   **Tenga** . . . Keep in mind
                     corro un riesgo.° ¿Quién me ase-   risk
                     gura a mí que no se arruinará Ud.?°   **no** . . . you will not go broke

110 (9) Joven: —Venía a pedirle la mano de su hija.
     Padre: —¿La mayor o la menor?
     Joven: —¿Pero es que tiene una mano más
                     grande que la otra?

(10) Don Gaspar: —¿Y dice Ud. que se casaría
115   con mi hija aunque ella fuera
                     pobre?

     Vicente: —Sí, don Gaspar.
  Don Gaspar: —Pues, no le doy su mano. No
                     quiero idiotas en la familia.

120 (11)   Prudencia: —Entonces, él me abrazó y yo
                     llamé a mi padre.
 Inmaculada: —¿Por qué a tu padre?
   Prudencia: —Porque no estaba en casa.

(12) Hijo: —Mamá ¿por qué todos los cuentos em-
125   piezan, «Erase una vez. . .»?°   **érase** . . . once upon a time

Mamá: —No, hijito. Hay algunos que empiezan: «Querida, esta noche tengo trabajo en la oficina. . .».

De los niños y la escuela

130 (13)   Mamá: —No me gusta, Jaimito, que digas esas palabras.

Jaimito: —Shakespeare las dice, mamá.

Mamá: —¡Pues, de ahora en adelante° no quiero que vuelvas a jugar con él!

135

(14)   Maestro: —¡Tonto! Te mando a hacer una composición escrita sobre la pereza° y tú me das tu cuaderno en blanco.°

140   Rubén: —¿Qué más ejercicio sobre la pereza quiere, señor maestro?

de . . . from now on

laziness

en . . . blank

Chistes adaptados de *Los últimos chistes*, Gessler Publishing Co., New York.

actividades

A. ¿Comprende Ud.?

Primera parte: Para ver si Ud. ha entendido bien la lectura, seleccione la respuesta apropiada para cada una de las siguientes oraciones.

1. Los presos en el cuento gritaban números. . . .
   a. para indicar cuántos años tenían que estar en la prisión
   b. porque no se les permitía hablar durante la cena
   c. para traer a la memoria un cuento cómico

2. El nuevo preso empezó a gritar números porque. . . .
   a. no quería gastar tiempo contando chistes
   b. no le gustaba hablar mucho
   c. quería que los otros presos lo consideraran como uno de ellos

3. Según el compañero de celda, nadie se rió porque. . . .
   a. el nuevo preso no hablaba claramente y los otros no pudieron entender sus chistes
   b. el nuevo preso no tenía el talento requerido para contar chistes
   c. era demasiado pronto para que los otros presos aceptaran al nuevo

4. El humor constituye un comentario sobre la humanidad en el sentido de que. . . .
   a. está basado en las realidades de la vida
   b. los humanos usamos muchos gestos
   c. los artistas casi siempre son cómicos

5. La existencia del humor por todas partes implica que. . . .
   a. no hay diferencias entre las culturas del mundo
   b. los tópicos del humor son iguales en todas partes
   c. todos los seres humanos tenemos algo en común

6. En el chiste número 2, el amigo de Carlota no le dio un automóvil porque. . . .
   a. habría tenido que comprar un coche verdadero
   b. prefirió darle perlas, porque así podía demostrar más su cariño
   c. quería gastar mucho dinero, y las perlas costaban más que un coche

7. En el chiste número 3, la señora no tiene que pagarle su visita al médico porque. . . .
   a. el médico va a ganar mucho a causa del hijo de la señora
   b. el dinero está contagiado en ese barrio
   c. el médico es misionero, y nunca cobra a los enfermos

8. En el chiste número 4, el médico cambió su procedimiento porque. . . .
   a. no le interesaba ver el cuerpo de la madre
   b. la madre tenía una enfermedad de la lengua
   c. quería que la madre dejara de hablar

9. Según el novio del chiste número 8, él también corre un riesgo porque. . . .
   a. el matrimonio le puede arruinar a uno
   b. la hija no tiene más atractivo que el dinero
   c. el padre puede perder su fortuna algún día

10. En el chiste número 11, Prudencia llamó a su padre porque. . . .
    a. necesitaba ayuda para escaparse del chico
    b. creía que el padre estaba en casa
    c. quería prolongar lo que estaba ocurriendo

11. En el chiste número 12, la madre responde así a su hijo porque. . . .
    a. está pensando en los cuentos de autores modernos
    b. quiere referirse a las mentiras de algunos maridos
    c. es difícil comprender la frase «érase una vez»

12. En el chiste número 13, la madre de Jaimito es una figura cómica porque. . . .
    a. tiene prejuicios contra los ingleses
    b. no sabe quién era el famoso autor británico
    c. conoce bien a Shakespeare y sabe lo malo que es

Segunda parte: Conteste las siguientes preguntas para expresar sus opiniones sobre la lectura.

1. ¿Está Ud. de acuerdo con que el humor es un arte? ¿Por qué sí o por qué no?

2. ¿Qué implicaciones tiene la universalidad del humor?

3. ¿Qué opina Ud. sobre los chistes como el número 7? ¿Es bueno o malo reírse así de las debilidades de la condición humana? Explíquese.

B. ¿Sabe Ud. contar chistes?

Piense en un chiste que pueda contarles en español a sus compañeros de clase. ¿Es bueno el chiste? ¿Sabe Ud. contarlo bien? La risa de sus compañeros se lo dirá. Cuidado: el chiste no debe ofender a nadie, ni emplear juegos de palabras en inglés.

C. Dibujos

Primera parte: Los dibujos cómicos (*cartoons*) son un tipo muy popular de humor. Abajo hay cinco leyendas (*captions*), seguidas de cinco dibujos cómicos. ¿Puede Ud. escoger la leyenda apropiada para cada dibujo? (Las respuestas están al pie de la página.)

Leyendas

a. ¡Por fin solos! Dame un besito, mi amor.

b. El hombre que piensa en todo . . . ¡o casi todo!

c. Ya que lo pienso bien, no tengo mucha hambre.

d. ¡Ay! Si hubiera comido los «Wheaties» . . .

e. ¡Habrá que verla cuando se siente!

Segunda parte: El gusto que encontramos en los dibujos no está limitado a la lectura—también es divertido participar en su creación. Traiga a clase unos dibujos que Ud. ha creado o que ha encontrado en algún periódico o revista, pero traiga solamente los dibujos. ¿Y las leyendas? Ud. y sus compañeros las inventarán en la clase. Traten de pensar en varias leyendas para cada dibujo.

1. b; 2. d; 3. e; 4. c; 5. a.

Respuestas

1

2

3

4

5

Los cómicos Laurel y Hardy en una escena de su película «Two Tars» (1928)

D. Un encuentro*

Una característica muy importante del humor es la sorpresa, lo inesperado. En esta actividad Ud. y sus compañeros van a escribir un cuento con sorpresas. El cuento se compone con las respuestas a ciertas preguntas escritas según las siguientes instrucciones:

Instrucciones

1. Cada persona toma lápiz y papel y contesta la primera pregunta según su imaginación.

---

* Allen, Edward D. and Rebecca M. Valette. *Classroom Techniques: Foreign Languages and English as a Second Language* (New York: Harcourt, 1977), pp. 312-313.

2. Antes de contestar la segunda pregunta, se dobla el papel y se lo pasa a la persona de la izquierda. Se contesta la segunda pregunta sin leer la primera respuesta. Entonces se dobla de nuevo el papel y se vuelve a pasarlo. Este proceso se repite con cada pregunta, contestando siempre en frases completas.

3. Al acabarse las preguntas, los papeles se pasan una última vez. Todos leen su cuento . . . y se ríen.

Preguntas

1. Una mujer _____ que se llamaba _____ se encontró con un hombre _____ que se llamaba _____.

2. ¿Dónde se encontraron?

3. ¿Qué hizo ella?

4. ¿Qué hizo él?

5. ¿Qué dijo ella?

6. ¿Qué dijo él?

7. ¿Cuáles fueron las consecuencias de sus acciones?

8. ¿Qué dijo la gente?

Cantinflas, uno de los más famosos cómicos del mundo hispánico

E. La poesía concreta[**]

Los chistes no son la única cosa que nos hace sonreír. A veces es un pensamiento, como el recuerdo de un buen amigo; otras veces es la esperanza segura de algo que tenemos planeado. Y también puede ser el puro gusto de contemplar el encanto sutil de algo como la «poesía concreta». Se ha observado que lo fascinante de esta poesía no es sólo lo dicho; es también lo que no está directamente expresado. Los ejemplos de la poesía concreta que siguen son del poeta Juan Octavio Valencia. Después de leerlos tal vez Ud. quiera escribir sus propios poemas y compartirlos con sus compañeros de clase.

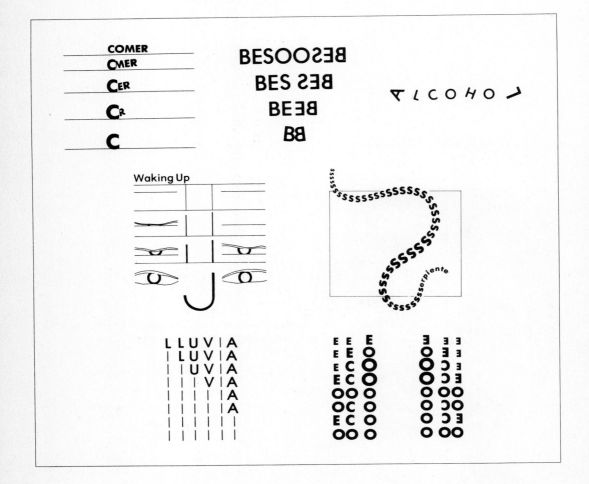

[**] Valencia, Juan Octavio. *Signo y sentimiento*. Cincinnati: University of Cincinnati, 1976.

Variaciones sobre el tema

1. Piense en algo cómico (un libro, una película o programa de televisión, una situación que Ud. ha visto o experimentado personalmente) y analícelo: ¿Por qué le gustó? Describa el episodio y trate de explicar por qué le pareció cómico.

2. Aunque el humor contribuye enormemente al gozo de la vida, también puede tener efectos negativos. Piense en algunos tipos o ejemplos de humor ofensivo y analícelos. ¿Por qué son ofensivos? ¿Qué atractivo tiene tal humor para las personas que participan en él? ¿Cuál es la reacción de Ud. ante el humor ofensivo?

Sergio

Leticia

Una cuestión de identidad

16

Una cuestión de identidad

Aunque los Estados Unidos se han considerado un
crisol de las razas,° un fenómeno interesantísimo ha
ocurrido en años recientes: el deseo por parte de los
distintos grupos étnicos de descubrir y conocer me-
5 jor sus raíces. Tal vez el ejemplo más dramático es
el de los negros que van encontrando y aun defi-
niendo su verdadera identidad cultural. Además,
varias de nuestras universidades han creado de-
partamentos de estudios étnicos con el propósito de
10 ofrecer vías hacia el descubrimiento y la comprensión de las varias culturas distintas de los Estados
Unidos. Claro está que una gran parte del interés
proviene de los fenómenos sociales de los años 60,
época en que la gente norteamericana se vio for-
15 zada a re-evaluar en términos morales la realidad
socio-política de sus formas de vida.
    Uno de los movimientos más característicos de

crisol . . . melting pot

esta época fueron las protestas de las minorías ante
su situación socio-económica. Como consecuencia
20 de este movimiento, ha surgido° un interés vivo, por   ha . . . has sprung up
parte de los varios grupos étnicos, en conocerse y
en hacerse conocer. La conversación que sigue
presenta algunas opiniones y actitudes sobre la
cuestión de la identidad cultural de dos estudiantes
25 de orígenes hispánicos.*

* * *

Entrevistador: En cuanto a sus propias opiniones
y actitudes sobre sus orígenes, ¿cómo relacionan
Uds. los dos lados de su vida, es decir, tener origen
hispánico y funcionar dentro de la cultura anglo-
30 sajona, norteamericana?
Sergio: Bueno, yo diría que mi caso es muy diferente del de muchos mexicano-americanos que
viven en los EE.UU. Aunque yo nací en Laredo,
35 Texas, mis padres son de México y la mayoría de
mi familia vive en México. Mis padres no saben inglés y por eso hablamos español en casa. Además,
mis hermanos y yo estudiamos la primaria° en Mé-   elementary school
xico porque nuestros padres querían que nosotros
40 supiéramos escribir y leer español . . . y no sólo eso,
sino también saber un poco de la cultura y la historia mexicanas. Por lo tanto, desde niño yo he sabido que mi cultura es mexicana, aunque técnica-
mente hablando, soy americano.
45 *Leticia:*   Yo vine a este país por primera vez a los
cinco años. Mi padre estudiaba aquel año en la
Universidad de Columbia en Nueva York. Así que
yo hice el kínder en Nueva York y allí tuve mi primer
contacto con el inglés. Luego, volvimos a Puerto
50 Rico e hice toda mi educación desde el primer año
hasta terminar mis estudios secundarios en colegios
bilingües en Puerto Rico. Volví a los EE.UU. ya como
estudiante universitaria a los 18 años. El inglés es

---

* Leticia Díaz, University of Illinois, Urbana-Champaign; Sergio Longoria, Marquette University

para mí una cosa natural. En realidad, quizá yo soy
55 esquizofrénica porque yo tengo dos mundos muy
separados. Mis padres todavía viven en Puerto Rico
y yo vuelvo allí como dos veces al año . . . y allí yo
vivo a la manera de los puertorriqueños. Sin embargo, en el momento en que yo estoy aquí en los
60 EE.UU. yo funciono dentro de los valores norte-
americanos . . . con mis excepciones. Hay cosas
que yo nunca podría aceptar, pero eso no significa
que yo me sienta inadaptada.°   maladjusted
Entrevistador: Con respecto a las actitudes que
65 Uds. tienen sobre su vida en los EE.UU., ambos se
han referido a la familia. ¿Por qué?
Sergio: Pues, la familia es muy importante en la
cultura hispánica y muchos de los mexicano-americanos que vivimos en California, Michigan, Illi-
70 nois, Wisconsin, etc., y que visitamos a nuestros parientes en México, tenemos problemas, problema
de que ahora tenemos un carro nuevo y es americano . . . problema de que ahora nos vestimos mejor . . . problema de que ahora «somos mejores que
75 Uds.». Esto está mal, me parece. Todos somos una
sola familia, o yo por lo menos, lo pienso así.
Leticia: Pues, yo me siento muy cercana a mi familia. Yo mantengo un contacto bien directo. Hablo
con ellos todas las semanas por teléfono, pero no sé
80 si estaría contenta viviendo ahora en Puerto Rico.
Tiene sus ventajas y sus desventajas. Puerto Rico
es una sociedad muy cerrada donde todo el mundo
tiene su lugar . . . aquí lo es también, pero un po-
quito más disimuladamente.° Y, en realidad, Puerto   covertly
85 Rico no es un lugar para una mujer soltera que
quiera tener un trabajo y tener su propio hogar. . . .
Entrevistador: Lo interesante de lo que Uds. están
diciendo es que ambos concuerdan° en que la fa-   agree
milia es muy importante, pero lo están comentando
90 desde dos puntos de vista algo diferentes. Leticia,
tú como mujer, ves que la vida cerca de tu familia
en Puerto Rico podría negarte, hasta cierto punto,
una vida profesional e independiente. Y tú, Sergio,

ves que tu vida aquí en los EE.UU. puede causar
95 ciertos resentimientos y hasta rupturas con los
miembros de la familia que están en México.

Sergio: Pues, sí, pero hay algo más. Los mexicanos que nacimos aquí en los EE.UU., como yo, tenemos que reconocer que somos muy diferentes—
100 diferentes del mexicano nacido en México y diferentes del americano . . . y también somos iguales
a ellos dos. Tenemos una identidad que todavía no
se ha descubierto. Es una identidad que todavía se
está formando. Yo no puedo negar mi identidad
105 mexicana ni tampoco la americana. Siendo estudiante de antropología, he pensado mucho en la
asimilación cultural y si hay asimilación por parte
mía, hay asimilación tanto a la cultura mexicana
como a la americana. Si olvido lo mexicano, ¿cómo
110 puedo comunicarme con aquel lado de mi familia
que es mexicano? Y si niego lo americano, ¿cómo
puedo funcionar aquí en los EE.UU.?

Leticia: Todo esto de la asimilación cultural es una
cuestión muy difícil. Yo soy muy adaptable, pero sé
115 que todo el mundo no lo es. Por ejemplo, yo pienso
en unos amigos míos que han vivido aquí en los
EE.UU. muchos años sin siquiera tratar de° ajus- **sin** . . . without even trying
tarse. Yo creo que uno pierde algunas de las rique-
zas de la vida si uno no trata de adaptarse. Uno
120 debe ajustarse hasta donde uno pueda sin negarse
a sí mismo. Por último, no importa cuántos años yo
viva en los EE.UU. y qué contenta o ajustada me
sienta, yo siempre soy puertorriqueña. Si no soy
más nada,° soy realista en este respecto. **Si** . . . If I'm nothing else

125 *Entrevistador:* Me parece que la situación del
puertorriqueño es, tal vez, diferente de la del chi-
cano que en realidad tiene sus raíces en el suroeste
de los EE.UU., y por tanto, no es, como sugiere Sergio, ni mexicano ni norteamericano por cultura. En
130 cambio, los puertorriqueños no tuvieron contacto
directo con los EE.UU. hasta 1898.[1]

Leticia: Eso sí. Pero en cuanto a la asimilación cultural, yo creo que en el momento en que uno se asimila, uno se siente ajeno a su cultura y se con-
135 vierte en un ser menos productivo como consecuencia. Por eso, el problema para los chicanos es llegar a identificarse como grupo con una cultura propia y definida. Para nosotros los puertorriqueños el problema consiste en tratar de mantener una identidad
140 cultural ya definida—hispánica—, aunque muchos de nosotros vivimos o hemos vivido aquí en los EE.UU. Incluso los que todavía están en la isla sienten la fuerte influencia de los EE.UU. Después de todo, somos un Estado Libre Asociado de los EE.UU.
145 y como tal los puertorriqueños somos ciudadanos americanos.

Sergio: Sí, Leticia tiene razón en lo que dice. El problema es de identidad cultural en términos generales, pero los chicanos y los puertorriqueños
150 viven el problema de maneras muy distintas. Y hay más . . . uno no debe llegar a un extremo como lo han hecho muchos mexicano-americanos. Por ejemplo, muchos dicen, «Pues, yo soy azteca». Eso no es cierto. Primero, no hablan náhuatl[2] y no tie-
155 nen cultura azteca. También es llegar a un extremo decir que uno es americano porque habla inglés y vive en los EE.UU. Esto es negar los procesos de asimilación cultural que necesariamente tienen que ocurrir en alguna forma.

160 *Leticia:*   De acuerdo. No es buena idea negar esos procesos. Uno no debe rechazar sus orígenes; tampoco debe rechazar la nueva cultura en que vive. Como dije, la asimilación cultural y la identidad cultural son cuestiones muy complejas. Saben, a
165 veces me pregunto qué va a pasar . . . es decir, hasta qué punto ya no voy a ser puertorriqueña. Cada vez yo encuentro menos en mí que lo es y me da temor de que un día me voy a encontrar sin cultura, sin país, sin nada. . . .

Notas culturales y lingüísticas

1. Puerto Rico perteneció a España desde 1492 hasta 1898. Como resultado de la guerra entre España y los EE.UU., en 1898 los EE.UU. tomaron posesión de Puerto Rico.

2. El náhuatl es una lengua hablada por más de medio millón de personas, principalmente en el centro de México.

actividades

A. ¿Comprende Ud.?

Primera parte: **Para ver si Ud ha entendido bien la lectura, conteste las siguientes preguntas.**

1. En los EE.UU., ¿cómo se manifiesta el interés por descubrir los orígenes étnicos?

2. ¿De qué procede el interés en los orígenes étnicos?

3. ¿Qué influencias mexicanas ha sentido Sergio en su vida?

4. ¿En qué ha consistido el contacto que ha tenido Leticia con los EE.UU.?

5. Según Sergio, ¿qué conflictos ocurren entre los mexicanos que viven en los EE.UU. y sus parientes que residen en México?

6. ¿Por qué no sabe Leticia si le gustaría vivir en Puerto Rico?

7. ¿Cómo se ha manifestado la asimilación cultural en el caso de Sergio?

8. ¿Cree Leticia que es buena idea adaptarse a una nueva cultura o no? Explíquese.

9. ¿En qué son diferentes la situación cultural del mexicano-americano y la del puertorriqueño?

10. Según Leticia, ¿en qué consiste el problema de la identidad para los mexicanos? ¿Para los puertorriqueños?

11. ¿Por qué dice Sergio que los mexicano-americanos que se identifican como aztecas no tienen razón?

12. ¿Qué le preocupa a Leticia?

Segunda parte: Conteste las siguientes preguntas para expresar sus opiniones sobre la lectura.

1. ¿Cree Ud. que Sergio y Leticia verdaderamente se conocen a sí mismos? Explique el punto de vista de Ud.

2. Considerando lo que dicen Sergio y Leticia, ¿cómo definiría Ud. el concepto de identidad cultural?

B. Los símbolos de identidad

Todos reconocemos una raza, cultura o nación por ciertas características definidas. Haga Ud. una lista de las cosas que Ud. cree que la sociedad norteamericana considera símbolos de la identidad nacional. Puede incluir cosas representativas de las siguientes categorías: características físicas, características del vestir, costumbres del comer, costumbres sociales, actitudes religiosas, políticas y sociales. Después, compare su lista con las de unos(as) compañeros(as) de clase. ¿Han incluído Uds. algunas de las mismas cosas? ¿En qué cosas no están de acuerdo?

C. La cultura personal

Siendo seres humanos e individuos, muy a menudo rechazamos algunos aspectos de nuestra propia cultura que nos parecen desagradables—es decir, formamos nuestra cultura personal e individual. ¿Qué cosas que se consideran «típicamente norteamericanas» no le gustan a Ud.? ¿Por qué? Si quiere, puede referirse a los «símbolos de identidad» en la Actividad B.

D. La aceptación de otras costumbres

Primera parte: Las costumbres que siguen son bien conocidas en muchos países hispánicos. ¿Cuáles de ellas le gustaría a Ud. ver integradas a la cultura norteamericana? Póngalas en orden según sus preferencias y luego explíqueselas a sus compañeros(as) de clase.

_____ dormir la siesta
_____ comer cinco comidas al día
_____ beber vino con las comidas
_____ llegar «tarde»
_____ la corrida de toros
_____ el machismo
_____ fiestas que comienzan tarde y terminan tarde

Segunda parte: (¿Qué costumbres y tradiciones conoce Ud., además de las indicadas en la primera parte? Prepare una descripción de alguna para presentársela a sus compañeros de clase.)

E. La adaptabilidad

¿Hasta qué punto pueden Ud. y sus compañeros de clase adaptarse a situaciones no familiares? Para descubrirlo, preparen e intercambien descripciones de mundos imaginarios muy distintos del nuestro, y pregúntense si podrían adaptarse a ellos. Sus mundos imaginarios deben ser diferentes del mundo en que vivimos en lo que se refiere a comida, ropa, vivienda (*lodging*), vida en familia, noviazgo (*courtship*) y matrimonio, lengua, normas sociales, religión y moralidad. ¿A qué costumbres nuevas podrían Uds. adaptarse? ¿A cuáles no podrían adaptarse jamás? ¿Por qué no?

Variaciones sobre el tema

1. Debate: Las minorías deben asimilarse a la mayoría americana.

2. Es posible que Ud. conozca a personas de distintos grupos étnicos. Haga una entrevista con una o varias de estas personas y prepárese para presentar en clase sus resultados. Como punto de partida, puede referirse a los temas tratados en la entrevista de Leticia y Sergio—por ejemplo, la cuestión de la asimilación cultural.

3. A muchas personas les interesa investigar los orígenes de su familia. ¿De qué país(es) viene la familia de Ud.? Prepare una breve historia de su familia para presentar en clase.

La rueda de la fortuna

17

La rueda de la fortuna

En nuestro mundo de hoy, el hombre va haciendo descubrimientos fantásticos y aun asombrosos° sobre su ambiente natural y su propio ser. Por eso, el hombre se muestra cada vez más como un ente° 5 fascinante, curioso y lleno de teorías. Día tras día surgen° nuevas técnicas de manejar la vida y de acercarse a una explicación de ella, técnicas que a menudo° resultan en gran controversia.

    En el artículo que sigue, el autor nos presenta 10 un método para cumplir nuestros deseos. Al leerlo, considere Ud. los aspectos positivos, negativos y de controversia de lo que el autor llama LA RUEDA° DE LA FORTUNA.

astonishing

being

spring up

a . . . often

wheel

Hoy en día el hombre se ha embarcado en un
15 gran viaje de descubrimientos: el conocimiento del
cerebro—lo que es y cómo funciona. Así, en doce-
nas° de laboratorios alrededor del mundo, biólo-   dozens
gos, médicos, químicos, sociólogos y parasicólogos
estudian la mente humana. Reconocen que lo que
20 sucede por dentro del cerebro no puede aislarse
de lo que sucede por fuera, y están ansiosos de
aprender todo lo posible sobre la potencialidad de
la mente humana y cómo utilizarla al máximo.

Todo lo fabricado por el hombre fue original-
25 mente concebido en su mente. Es decir, primero fue
una representación mental—una idea—y ésta después se materializó. No hay un solo objeto sobre la
faz° de la tierra que no fuera «planeado» primero   face
en la mente del hombre.

30   El secreto para lograr plasmar° materialmente   **lograr** . . . succeeding in
cualquier idea creativa es mantener y desarrollar   shaping
la idea sin interferencias de ningún tipo. Es decir,
todo deseo mental puede cristalizarse—hacerse
realidad—si se anulan° las interferencias. Es nece-   **se** . . . are nullified
35 sario entonces borrar° todos los pensamientos ne-   to erase
gativos y errados° y comenzar a cultivar los de bien-   erroneous
estar,° salud y abundancia.   well-being

Como el ser humano es «lo que piensa» (Só-
crates), los pensamientos se vuelven realidad. El
40 secreto del triunfo personal es aprender a cultivar
pensamientos, reteniendo únicamente los positivos,
como los de prosperidad, salud, belleza, armonía
y paz. Este proceso hace funcionar el centro psíquico de la fe que permite mover montañas: se
anula todo obstáculo que pueda impedir la realización de la buena fortuna deseada.

Para ayudarle a desarrollar su potencia cere-
bral y alcanzar° lo que Ud. desee, le presentamos   attain
LA RUEDA DE LA FORTUNA. Este rito fue creado
50 originalmente por Salomón después de haber
aprendido la Cábala,¹ y se ha mantenido en secreto
durante centenares° de años. LA RUEDA DE LA   hundreds

FORTUNA puede ser aplicada a problemas personales de índole° material, emocional y física. Tam-
55 bién puede usarse para ayudar a otras personas.　　　　kind, type

Y ahora que Ud. está listo, siga estas instrucciones para hacer su propia RUEDA DE LA FOR-
TUNA.

* * *

1. Lávese bien las manos antes y después de
60 hacer la RUEDA DE LA FORTUNA—el agua
tiene poder magnético.

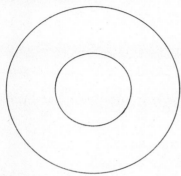

2. En un papel, haga un círculo de unas diez pul-
gadas° (25,4 cm) y otro concéntrico de unas　　inches
cinco o seis pulgadas (12,5 ó 15 cm).
65 3. Respire lenta y hondamente° por la nariz, re-　　deeply
teniendo el aire en los pulmones° por un rato.　　lungs
Al exhalar el aire por la boca, concéntrese y
piense que toda interrupción u obstáculo mental
desaparece.
70 4. Diga varias veces la palabra RAH-MAH.
5. En el centro del círculo, dibuje o coloque una
reproducción de lo que Ud. más desee. Puede
recortarlo° de una revista o dibujarlo.° Si desea　　cut it out / draw it
dinero en efectivo,° tenga la precaución de in-　　**dinero** . . . cash
75 dicar la cantidad deseada y agregar «algo más
y sin ataduras».°　　　　　　　　　　　　　　　**sin** . . . without any strings
　　　　　　　　　　　　　　　　　　　　　　　attached
6. Mantenga en su mente durante 5 ó 6 minutos
de silencio absoluto la imagen ininterrumpida
de lo que está pidiendo.

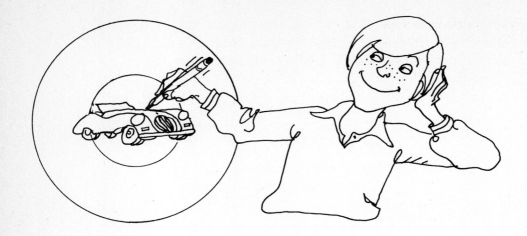

80 7. En voz alta y con entusiasmo, diga esta oración: «Dedico y solicito este pedido° a la fuente° universal; lo imprimo° en mi subsconsciencia para que se haga realidad. Gracias, Señor, por concederme lo que pido». — request / source / imprint

85 8. Sienta felicidad porque el objeto ya es suyo.

9. Dé sinceras gracias al Señor por la realización de su deseo.

10. Pronuncie las palabras de Salomón: JE-HO-VAH MITJUM. Quieren decir «deseo realizado» o
90 también «abundancia».

11. No le muestre a nadie su RUEDA DE LA FORTUNA. Las intervenciones de otras personas pueden producir «circuitos» y así impedir el cumplimiento° de sus deseos. — fulfillment

95 12. Todos los días mire y estudie su RUEDA DE LA FORTUNA durante cinco o diez minutos de silencio. Luego cierre los ojos y trate de visualizar lo que Ud. quiere.

* . * . *

Ahora que Ud. está lleno de pensamientos po-
100 sitivos, comience a trabajar para conseguir eso que tanto desee. Nunca adopte una actitud de esperar a que las cosas sucedan.

Adaptación de un artículo de *Triunfo*

Notas culturales y lingüísticas

1. La Cábala es un sistema de interpretar las Sagradas Escrituras con propósitos de predecir° el futuro. Fue desarrollado entre los siglos VII y XVIII por algunos rabinos° místicos.

predicting
rabbis

actividades

A. ¿Comprende Ud.?

Primera parte: **Para ver si Ud. ha entendido bien la lectura, conteste las siguientes preguntas.**

1. ¿Cuál es el «gran viaje de descubrimientos» que se comenta en la lectura?

2. ¿Cuáles son los requisitos para que se realicen los deseos mentales?

3. Según la lectura, ¿qué papel tiene el centro psíquico de la fe en la realización de los deseos?

4. ¿Cuál es la primera cosa que se hace cuando se emplea la Rueda de la Fortuna? ¿y la última?

5. ¿En qué ocasiones se habla en voz alta?

6. Además de seguir los pasos rituales, ¿qué hay que hacer para que la Rueda de la Fortuna sea eficaz?

Segunda parte: **Conteste las siguientes preguntas para expresar sus opiniones sobre la lectura.**

1. ¿Cree Ud. que los pensamientos de uno se vuelven realidad? Explíquese.

2. Suponiendo que la Rueda de la Fortuna sí puede influir en la realización de los deseos, ¿qué posibles explicaciones podría Ud. dar para esto?

3. ¿Qué opina Ud. de la Rueda de la Fortuna?

B. La liberación de la mente

La lectura nos habla de la necesidad de eliminar de la mente los pensamientos negativos y de cultivar los positivos. Considere Ud. algunos pensamientos suyos: ¿cuáles son los negativos que le gustaría borrar de la mente? ¿Cuáles son algunos que le gustaría cultivar positivamente? Haga dos listas, poniendo en orden de importancia los elementos de cada una. Luego, compare sus listas con las de un(a) compañero(a) de clase.

C. ¿Es Ud. profeta?

La buena fortuna se relaciona a menudo con las predicciones del futuro. Si a Ud. le gustara predecir la buena o mala fortuna que le vendrá a uno(a) de sus compañeros(as) de clase, haga lo siguiente: Reúnase con un(a) compañero(a) de clase, escojan Uds. a otra persona de la clase y describan su vida dentro de veinte años (dónde estará, qué estará haciendo, cómo será, etc.). Luego lean su descripción al resto de la clase. ¿Pueden ellos identificar a la persona que Uds. han descrito?

D. Visiones y obstáculos

Créase o no en la Rueda de la Fortuna, la necesidad de superar los pensamientos negativos se nota fácilmente al pensar en las grandes hazañas de la historia humana. Por ejemplo, Cristóbal Colón nunca habría descubierto el Nuevo Mundo si no se hubiera enfrentado con la creencia de que el mundo era plano; el gran compositor Beethoven escribió muchas de sus mejores obras después de volverse sordo; y Jackie Robinson tuvo que superar el prejuicio racial para llegar a ser el primer jugador negro de béisbol profesional.

Piense Ud. en otros ejemplos de grandes figuras de la historia humana o personas de su propio pueblo, y comente sus visiones y los obstáculos que tuvieron que vencer para realizar esas visiones. Luego, si Ud. quiere, puede comentar su propia visión.

Variaciones sobre el tema

1. Defender o atacar: la Rueda de la Fortuna es antirreligiosa.
2. ¿Piensa Ud. experimentar con la Rueda de la Fortuna? ¿Por qué sí o por qué no?

18

Centro
de juventud

Diez ejecutivos de una empresa° aprovechan° un
fin de semana para celebrar su reunión anual y
hacerse al mismo tiempo un reconocimiento
médico.° Entre el análisis del estado de su salud y
5 de sus negocios, los ejecutivos tienen tiempo y
ganas de jugar al tenis, nadar, montar a caballo o,
simplemente, descansar.

* * *

Un famoso director de orquesta hace una necesaria
y prudente pausa para revitalizar su organismo con
10 una cura de «rejuvenecimiento».°

company / take advantage of

reconocimiento . . . physical
examination

rejuvenation

* * *

Una conocida actriz de teatro y de televisión decide
que ya está bien de aumentar de peso.° Mientras
sigue un tratamiento° para la obesidad, la actriz
sabe que no se privará° de exquisitos platos dieté-
15 ticos ni de atractivos «cocteles» sin alcohol, elabo-
rados y servidos en un bar cosmopolita y acogedor.°

ya . . . she's tired of gaining weight
treatment

no . . . will not be deprived

inviting, attractive

* * *

Estos son sólo algunos ejemplos de quiénes y
por qué acuden° a INCOSOL (Instituto Médico de la
Costa del Sol), moderno centro inaugurado hace
20 unos pocos años en Marbella, España.

go

PARAISO MEDICO

A cuatro kilómetros del centro veraniego° de
Marbella, INCOSOL es un centro médico residencial, mezcla° de hotel de superlujo y de moderna
25 clínica. Como hotel, INCOSOL tal vez sea el mejor

centro . . . summer resort area

mixture

hotel de lujo de España y uno de los mejores de
Europa, por su moderna estructura; por sus amplios
y varios salones; por sus piscinas, pistas de tenis,
30 campo de golf; incluso por la calidad de las comidas
y el excelente servicio. De modo que el precio por
la estancia (40 dólares diarios para una persona, 70
dólares para dos, con pensión completa incluida)
no es excesivo.

35   Pero en efecto, no se puede ir a INCOSOL sólo
en plan de hotel. El residente ingresa° para hacerse   enters
un reconocimiento médico o seguir alguno de los
tratamientos específicos. Un reconocimiento básico
preventivo cuesta en INCOSOL entre 200 y 250 dó-
40 lares. Este examen médico consiste en una revisión
general, exploración electrocardiográfica, tres ex-
ploraciones de radiodiagnóstico° y 29 pruebas ana-   **exploraciones** . . . X-rays
líticas (de sangre, orina,° etc.) hechas en el propio   urine
laboratorio de INCOSOL.

45   En INCOSOL tienen prioridad los tratamientos
de enfermedades cardiovasculares. Siguiendo la regla de oro de que «más vale prevenir que curar», se
realizan el diagnóstico y la prevención con pruebas
de electrocardiograma, pruebas de esfuerzo,° etc.   stress

50   Muchas otras personas acuden a esta clínica
para el tratamiento de enfermedades endocrinoló-
gicas, especialmente para el tratamiento de la
obesidad. Y no sólo por razones estéticas sino de
salud, ya que está probado que la obesidad es una
55 enfermedad que genera o agrava a su vez muchas
otras enfermedades.

REJUVENECIMIENTO

      Algunos quieren perder kilos. Otros quisieran
recuperar° la juventud. Para ello, y desde tiempos   recover, recapture
60 remotos, el hombre ha buscado afanosamente°   eagerly
toda clase de remedios.

«Hoy es imposible transformar a un hombre de
50 ó 60 años en uno de 20. Pero sí se puede revitalizar su organismo desgastado° de modo que la   worn out
65 edad biológica, es decir, la edad de las arterias, de
los órganos y de los tejidos,° coincida con la edad   tissues
cronológica», dijo el eminente gerontólogo° suizo,   gerontologist (one who studies
doctor Augusto Gianoli, médico consultor de INCO-   aging)
SOL.

70   El método de revitalización aplicado por el doctor Gianoli no es nada nuevo ni tampoco nada mágico. Se trata de la terapia celular, un método de-
batido en los medios científicos desde hace cuatro
décadas. La terapia celular consiste en la revitali-
75 zación de las células humanas mediante° la inyec-   by means of
ción de otras células provenientes° de animales jó-   coming
venes o fetales. Si lo que el paciente requiere es
una revitalización de su cerebro, pues se le inyectan
células del cerebro del animal; si se trata de enfer-
80 medades del hígado,° se le inyectan células del   liver
hígado.

Los efectos de la terapia celular son inmedia-
tos. En seguida la persona siente una mejoría tem-
poral° de sus molestias; hay motivos para ale-
85 grarse, pero no todavía. Sigue un período de once
a catorce días de procesos inmunobiológicos; durante esta fase, el paciente puede sentirse postrado
y lánguido.° La tercera y última fase es el período
de regeneración. Es entonces cuando se manifiesta
90 una permanente revitalización y mejoría del estado
general de salud: las arrugas y pliegues° desapa-
recen; se despierta el apetito en los inapetentes;
varios pacientes dicen que duermen más; otros, que
ven u oyen mejor.

95 Pero aparte—o además—de los tratamientos
de revitalización, ¿cómo podría el hombre detener,
o por lo menos retardar al máximo posible, el in-
evitable proceso de envejecimiento? El doctor Gianoli—y con él la gran mayoría de los geriatras y mé-
100 dicos—consideran que llevando una vida física y
mentalmente sana° y activa. Por ello se entiende:
un régimen de comidas pobre en grasas° y bajo en
calorías; no fumar; no beber alcohol; practicar algún deporte o por lo menos hacer ejercicios; dormir
105 unas siete horas en una habitación ventilada; tra-

mejoría . . . temporary improvement

postrado . . . exhausted and weak

arrugas . . . wrinkles and folds

healthy
pobre . . . low in fats

bajar mucho, pero en algo que a uno le guste; moderación en todo.

PREVENCION

El secreto no está pues en ninguna pócima o
110 pastilla,° sino en saber vivir cada día sana y racionalmente. El secreto, la clave,° está también en el sistemático cuidado° preventivo que debe hacerse, para cada individuo, desde su gestación hasta su muerte.

115 «Actualmente nuestra medicina es asistencial y profiláctica.° Pero nos encaminamos hacia la medicina preventiva. No sólo debemos tratar de curar al enfermo, sino evitar que el hombre enferme», dice el conocido médico, doctor Cristóbal
120 Martínez Bordiú, presidente de INCOSOL.

Esa es o debería ser la aspiración y afán° de la medicina y de los gobiernos, ya que gracias a los progresos de la ciencia y de la técnica, se ha logrado° que el hombre viva cada vez más años.
125 Porque de nada valdría que todos pudiéramos vivir hasta los 100 o 120 años si la mitad de esos años el individuo los va a pasar luego sumido° en una penosa° invalidez física o mental.

Adaptación de un artículo de *Visión* (Buenos Aires), por Adolfo Drigani

pócima . . . potion or tablet (pill)

clave . . . key

cuidado . . . care

asistencial . . . helpful and preventative

afán . . . labor, toil

se . . . it has been accomplished

sumido . . . sunk, overwhelmed

penosa . . . painful

actividades

A. ¿Comprende Ud.?

Primera parte: **Para ver si Ud. ha entendido bien la lectura, conteste las siguientes preguntas.**

1. ¿Qué es INCOSOL? ¿Dónde está?
2. ¿Qué indicaciones presenta la lectura de que se vive muy bien en INCOSOL?
3. ¿Cuál es la filosofía de este instituto?
4. ¿Qué tratamientos médicos se hacen en INCOSOL?
5. Además de por razones estéticas, ¿por qué conviene evitar la obesidad?
6. ¿Qué es un gerontólogo?
7. Brevemente, ¿cómo se hace la terapia celular del doctor Gianoli?
8. Según la lectura, ¿cuáles son los resultados de la terapia celular?
9. Según los especialistas, ¿cómo se debe vivir para retardar el proceso de envejecimiento?
10. ¿Cuándo debemos empezar el cuidado preventivo?

Segunda parte: **Conteste las siguientes preguntas para expresar sus opiniones sobre la lectura.**

1. ¿Cómo reacciona Ud. ante esta mezcla de hotel de superlujo y de moderna clínica?
2. En su opinión, ¿vale la pena seguir tratamientos médicos para recuperar la juventud?
3. ¿Cumple Ud. todos los requisitos de una vida sana y activa que se mencionan en la lectura? Comente.

B.   Una fórmula

En esta lectura, el doctor Gianoli ofrece varias recomendaciones que uno debe seguir para poder llevar una vida física y mentalmente sana, por ejemplo, no fumar, no beber alcohol, dormir siete horas, trabajar mucho, etc. Piense Ud. en una meta (*goal*) que quiera alcanzar. Luego, haga una lista de sugerencias—tanto positivas como negativas—para poder realizar ese fin. Puede escoger una de las siguientes metas u otra de su propio gusto.

Para ser joven (fuerte, popular, feliz, rico, respetado), ...
Para tener éxito (fama, suerte, amigos, buena salud), ...

         uno debe. . . .   uno no debe. . . .

_____   _____
_____   _____
_____   _____
_____   _____

C. El deseo de ser siempre joven

En nuestra sociedad estadounidense, parece existir una manía de querer mantenerse joven. Todo el mundo quiere aparentar juventud (*to look young*) durante toda la vida.

1. ¿En qué se nota esta manía (anuncios comerciales, por ejemplo)? ¿Qué cosas hace la gente para mantenerse joven?

2. ¿Qué razones puede dar Ud. para explicar este fenómeno?

3. ¿Qué opina Ud. de esta manía? Si Ud. pudiera escoger una edad ideal para toda la vida, ¿lo haría? ¿Por qué sí o por qué no?

D. La gente mayor

Ahora que la vida puede prolongarse cada día más, el número de personas mayores en nuestra sociedad sigue creciendo. Sin embargo, en muchas circunstancias, los mayores (*senior citizens*) se quedan aislados y se les niega el

derecho de participar activamente en la sociedad, aunque todavía tengan mucho que ofrecer. ¿Qué opina Ud. de esto?

Reúnase con algunos(as) de sus compañeros(as) de clase y preparen Uds. un resumen de las maneras en que las personas mayores contribuyen a la sociedad. Después de desarrollar sus propias opiniones e ideas, entrevisten Uds. a algunas personas mayores con el propósito de solicitar las opiniones de ellas mismas sobre el mismo asunto. Finalmente, comparen las opiniones antes desarrolladas por Uds. con las de las personas mayores. ¿En qué puntos concuerdan los dos grupos de opiniones? ¿En qué puntos no concuerdan?

E. El costo de la salud

El costo de una estancia en un lugar como el centro INCOSOL nos hace pensar en el problema general de los gastos médicos. Esto sugiere toda una serie de preguntas: ¿Tienen los pobres igual derecho al rejuvenecimiento que se compran los ricos en los centros de juventud? ¿Qué han de hacer los de pocos recursos cuando necesiten intervenciones médicas? ¿Debe el gobierno desempeñar un papel (*take a role*) en esto? Para buscar soluciones a este problema, haga lo siguinete:

Primero, reúnase con uno(a) o dos compañeros(as) de clase y consideren Uds. algunas de las varias posibilidades, por ejemplo: la medicina socializada, un programa nacional de seguro (*insurance*) médico, controles sobre lo que cobran (*charge*) los médicos, etc. Preparen Uds. un resumen de las ventajas y desventajas de cada alternativa y escojan la que les parece la mejor solución al problema. Después, comparen su solución con las de los otros grupos y traten de llegar a un acuerdo entre toda la clase.

Variaciones sobre el tema

1. Debate: todo el mundo debe jubilarse (*retire*) obligatoriamente a los 65 años de edad.
2. Piense Ud. en su propia vida dentro de 50 años: ¿cómo quiere Ud. que sea su vida de entonces? Considere entre otras cosas lo que estará haciendo, dónde estará viviendo, qué tipo de temperamento tendrá. ¿Cómo cree Ud. que percibirá su pasado? ¿Creerá Ud. que lo hizo todo bien o que debió haber hecho algunas cosas de otro modo? Explíquese.

Vocabulario

This vocabulary contains all the words that appear in the text with the following exceptions: (1) identical cognates; (2) regular verb forms; (3) adverbs that end in **-mente**; and (4) common diminutives (**-ito, -ita**) and superlatives (**-ísimo, -ísima**).

All regular **-o/-a** adjectives appear in their masculine form. All other adjectival forms which appear in the text are given.

Gender is provided for all nouns except for masculine nouns ending in **-o** and feminine nouns ending in **-a**.

Words beginning with **ch, ll,** and **ñ** are found under separate headings following the letters **c, l,** and **n,** respectively. Similarly, words containing **ch, ll,** and **ñ** are placed alphabetically after words containing **c, l,** and **n.** For example, **coche** follows **cocina.**

If a verb has a stem change, such as **dormir—duerme, durmió,** the change is indicated in parentheses following the infinitive: **dormir (ue, u).** Similarly, verbs that have spelling changes in certain forms, such as **conocer—conozco,** are indicated in parentheses: **conocer (zc).**

ABBREVIATIONS

adj.	adjective	*interj.*	interjection	*pres.*	present
adv.	adverb	*m.*	masculine (noun)	*pret.*	preterite
conj.	conjunction	*pl.*	plural	*pron.*	pronoun
f.	feminine (noun)	*p.p.*	past participle	*sing.*	singular
imp.	imperfect	*prep.*	preposition	*subj.*	subjunctive
inf.	infinitive				

A

a to; at; in; into; from; by

abajo below, underneath; down; **—de** below

abandonar to abandon; to foresake, give up

abanico fan

abierto *p.p.* of **abrir** opened; *adj.* frank; open

abogado lawyer

abrazar (c) to embrace, to hug

abreviado abbreviated, shortened

abrir to open

absoluto absolute

abstracto abstract

abuela grandmother

abuelo grandfather; **—s** grandparents

abundancia abundance

aburrido bored; boring

abuso abuse, misuse

acá here

acabar to finish, end; **—de** + *inf.* to have just + *p.p.;* **acabarse** to be finished

academia academy

acariciar to caress

acceder to agree, to consent

acceso access

accidentado victim of an accident

acción *f.* action

aceite *m.* oil

acento accent

aceptable acceptable

aceptación *f.* acceptance

aceptar to accept

acerca de about

acercarse (qu) to approach

aclarar to clarify

acogedor (a) inviting, attractive

acomodación *f.* accommodation

acompañamiento accompaniment

acompañante *m. & f.* companion, chaperon

acompañar to accompany

aconsejar to advise

acontecimiento event, incident, occurrence

acordarse (ue) (de) to remember

acostumbrar(se) (a) to get used to

actitud *f.* attitude

actividad *f.* activity

activo active

actual present-day

actriz (*pl.* **actrices**) *f.* actress

actualidad *f.* present state of things

actualmente at present

actuar to act

acudir to go; to come; to assist

acuerdo agreement; **estar de —** to be in agreement; **ponerse de —** to agree, to come to an agreement

acumular to accumulate, store

acusado defendant

adaptabilidad *f.* adaptability

adaptación *f.* adaptation

adaptar(se) (a) to adapt (oneself) (to)

adelantado advanced

además moreover, besides; **— de** besides, in addition to

adiós goodbye

adivinar to guess

adjetivo adjective

adjunto *adj.* assistant; **director —** assistant director

administrar to govern, to administer; to manage

admiración *f.* admiration

admirador(a) admirer

admirar to admire

admonición *f.* warning, counsel, advice

adónde where (to)

Adonis *m.* Adonis; (*fig.*) handsome youth

adoptar to adopt

adopción *f.* adoption

adorar to adore, worship

adorno adornment, decoration

adquirir (ie) to acquire, obtain, get

adulto adult; *adj.* grown-up

aéreo *adj.* air; **base aérea** airbase; **fuerza aérea** air force

aeronáutico aeronautic

aeropuerto airport

afán *m.* labor, toil; desire

afanosamente eagerly

afectar to affect, have an effect on

afecto affection

aficionado fan, amateur; *adj.* fond (of)

afirmar to affirm, assert

afligirse (j) to grieve, worry

afortunado fortunate

africano African; *adj.* African

agencia agency; **— de empleo** employment agency

agente *m.* agent

agitado agitated

agosto *m.* August; **hacer su —** to make hay while the sun shines, to strike while the iron is hot

agradable pleasant, enjoyable

agradecer (zc) to thank

agradecimiento thankfulness, gratefulness, acknowledgement

agravar to aggravate; to make worse

agregar (gu) to add

agresividad *f.* aggressiveness

agresivo aggressive

agricultor(a) farmer

agua *f.* water

agudo sharp, shrill

ahí there

ahogar to drown

ahora now; **— bien** now then

aire *m.* air

aislado isolated

aislar(se) (de) to isolate (oneself) (from)

ajeno foreign

ajustar(se) (a) to adjust, to adapt (oneself) (to)

alcance *m.* arm's length, reach; **al — de** within reach of

alcanzar (c) to reach, catch up with

alcaparra caper (*food*)

alegrarse (de) to be happy (about)

alegre happy

alegría joy, merriment

alemán German; *adj.* German

algo something; somewhat, a little

alguien someone, somebody

alguno some, any; *pl.* some; various; several; **de alguna manera** in some way, somehow

alimenticio nutritious; **pensión alimenticia** full board, three meals a day (*in a rooming house, etc.*)

aliviar to lighten

almacén *m.* store, department store

alocado half-witted, foolish; careless

alrededor de around

alterar to alter, to change

alternativa alternative, option

alto tall; high; **de —** in height; **en voz alta** aloud; **en voz más alta** louder

altruista altruistic

altura height

alucinación *f.* hallucination

alumno student

allá there

allí there

ama (de casa) *f.* housewife, lady of the house

amable nice, kind

amaestramiento training, instruction

amaestrar to instruct, to train

amanecer (zc) to dawn; **al —** at daybreak

Amazonas *m. sing.* Amazon

ambiente *m.* atmosphere

ambiguo ambiguous

ambos, (ambas) both

amenazar (c) to threaten

americano American; *adj.* American

amigo friend

amistad *f.* friendship

amor *m.* love

amoroso loving; **el proceso —** courtship and marriage, dating

amotinado mutinous

amplio ample, large; handsome

análisis *m.* analysis

analítico analytical

analizar (c) to analyze

ancho wide; **de —** in width

anciano elderly (man or woman); *adj.* elderly

Andalucía Andalusia *(region of southern Spain)*

andaluz(a) *(m. pl.* **andaluces)** Andalusian; *adj.* Andalusian

andar to walk; to be

anécdota anecdote, story

anglosajón(a) Anglo-Saxon; *adj.* Anglo-Saxon

angustia anguish, misery

animar to encourage; **—se** to be encouraged; to make up one's mind, to come alive

aniversario anniversary; holiday

anoche last night

anotar(se) to write, put down, jot down (for oneself)

ansiedad *f.* anxiety, worry, uneasiness

ansioso anxious, worried

ante in the presence of; before

anterior previous, former

antes (de) before; **— que** *conj.* before

antigüedad *f.* oldness

antiguo old, ancient; former

antihéroe *m.* anti-hero

antipático disagreeable, unpleasant

antirreligioso antireligious

antropología anthropology

anual annual, yearly

anular to annul; to void

anuncio advertisement; **— comercial** commercial

añadir to add

año year; **al —** per year; **al — siguiente** the next year; **el — pasado** last year; **el — que viene** next year; **a los . . . años** at the age of . . . years; **tener — años** to be . . . years old

aparato apparatus; system

aparecer (zc) to appear, show up

aparentar to pretend, to feign; **— juventud** to look young

aparente apparent

apariencia appearance

aparte (de) aside (from)

apearse to dismount

apenas scarcely, barely, hardly

apéndice *m.* appendage; appendix

apetito appetite, hunger

aplaudir to applaud

aplauso applause; praise

aplicar (qu) to apply, put on

apoderarse (de) to take possession (of)

apodo nick-name

apoyo prop; support

apreciar to appreciate, value

aprender to learn

aprobar (ue) to approve

apropiado appropriate; proper

aprovechar(se) (de) to take advantage (of)

aproximadamente approximately

aproximarse (a) to approach, come near (to)

apurar(se) to hurry

apuro difficulty, predicament

aquel(la) that (over there); *(pl.* **aquellos** those)

aquello that, that thing, that matter

aquí here

árabe Arab; Arabic; *adj.* Arab

araña spider

árbol *m.* tree

argentino Argentinian; *adj.* Argentinian

argumento plot

arma weapon

armonía harmony

arquitecto architect

arquitectura architecture

arreglar to repair, to fix; to arrange

arriba above

arriesgar(se) (gu) to risk

arruga wrinkle

arruinar to ruin, destroy; **—se** to be ruined *(financially)*

arte *m. & f.* art

arteria artery

artículo article

artificial artificial; **fuegos artificiales** fireworks

artista *m. & f.* artist

artístico artistic

asar to roast

ascender (ie) to ascend

asco nausea; mean,

despicable thing or
person

asegurar to assure

asesino *m. & f.* assassin

así thus; in this way; like
this; **— que** so that,
therefore

asignar to assign

asimilación *f.* assimilation

asimilarse to be
assimilated, to become
like (something or
someone else)

asistencial helpful

asistente *m.* one who is
present (*at a party,
meeting, etc.*)

asistir (a) to attend

asociar to associate

asombrado astonished

asombro astonishment;
amazement

asombroso astonishing

aspecto aspect

aspiración *f.* aspiration

aspirar to aspire; **¿a qué
salario aspira?** what
salary do you expect?

astronauta *m.* astronaut

astronáutica space travel

astrónomo astronomer

asunto matter; subject;
—s business

asustar to frighten;
—se to be frightened

atacar (qu) to attack

atadura fastening; cord;
sin ataduras without
any strings attached

ataque *m.* attack

atención *f.* attention;
llamar la — to attract
attention

atentamente attentively

atleta *m.* athlete

atlético athletic

atómico atomic

**atracción: parque de
atracciones** amusement
park

atractivo charm,
attraction; *adj.* attractive

atraer to attract

atreverse (a) to dare

atribuir (y) to attribute, to
ascribe

atrocidad *f.* atrocity

aumentar to increase; **—
de peso** to gain weight

aun, aún even, still

aunque although

auténtico authentic;
genuine; attested (*by law*)

autenticidad *f.*
authenticity

auto car

autobús *m.* bus

autoconocimiento self-
knowledge

automático automatic

automóvil *m.* car

automovilista *m. & f.*
motorist

autor(a) author

autorización *f.*
authorization; **—
paterna** paternal
permission

avance *m.* advance

avaricia covetousness,
avarice

aventura adventure

aventurero adventurer;
soldier of fortune

ávido anxious, eager;
greedy

avión *m.* plane

¡ay! *interj.* alas!

ayuda help; aid

ayudar to help

azafata flight attendant

azar *m.* chance

azteca *m. & f.* Aztec; *adj.*
Aztec

azúcar *m.* sugar

azul blue

B

bahía bay, harbor

bailar to dance

baile *m.* dance

bajar to descend, go
down, come down; to

lower; to get off or out of
(*car, bus, train, etc.*)

bajo below; under

bajo short; low

balneario pertaining to
baths or spas

bancario banking, financial

banco bank; **— de
peces** school of fish; **—
de pesca** school of fish

banda band, gang; ribbon

bandido bandit

bañarse to take a bath

baño bath; bathroom; **—
completo** full bath

barato cheap, low-priced

barba beard

bárbaro barbarian, fierce;
un trabajo — a very
hard time

barca boat, ship

barra bar

barrer to sweep

barrio neighborhood

barrote *m.* iron bar; **entre
barrotes** behind bars, in
jail

basar to base

base *f.* base, basis; **a —
de** based on; **—
aérea** air base

básico basic

bastar to suffice, to be
enough

bastante rather; a great
deal (of); enough

batalla battle

batidora beater; **— de
mano** hand mixer, egg
beater

bautizar (c) to baptize;
(*fig.*) to name

Baviera Bavaria (*a region
in southern Germany*)

bebé *m.* baby

beber to drink

béisbol *m.* baseball

belleza beauty

bello beautiful

beneficiario beneficiary

beneficio benefit

besar to kiss

bestia   beast
biblioteca   library
bibliotecario   librarian
bicicleta   bicycle
bien   well; very; ahora —
now then; pasarla —   to
enjoy oneself, have a
good time; para — o para
mal   for better or worse;
los bienes   m. pl.
property, riches, land
bienestar   m.   well-being,
comfort; happiness
bilingüe   bilingual
biografía   biography
biónico   bionic
blanco   white; en blanco
blank (page, check, etc.)
boca   mouth
boda   wedding
boliche   m.   saloon,
gambling joint
boliviano   Bolivian; adj.
Bolivian
bolsa   sack, bag; una — de
plástico   a plastic bag
bolso   purse
bomba   bomb; — atómica
atomic bomb
bombero   fireman
bombilla   light bulb
bonito   pretty, attractive
bordar   to embroider
borrar   to erase
botella   bottle
brazo   arm
Bretaña: Gran Bretaña
Great Britain
breve   short, brief
brillar   to shine
brillante   brilliant, bright,
shining
británico   British
broma   (practical) joke
bueno   good; adv. well
then, well now; all right;
el — de . . .   good old . . .
buque   m.   ship; —
pesquero   fishing boat
burro   donkey
busca: en busca de   in
search of, looking for
buscar (qu)   to look for

C

Cábala   cabala (a system
of mystical interpretation
of the Scriptures among
Jewish rabbis and certain
Medieval Christians)
caballo   horse; a —   on
horseback; montar a —
to ride (horseback); salir
muy de a —   to turn out
to be something to brag
about
cabaña   hut, cabin
cabellera   hair, head of
hair
cabello   hair
caber (quepo)   to fit; no
cabe duda   there's no
doubt
cabeza   head
cabo   cape; Ciudad del
Cabo   Capetown (city in
South Africa)
cacerola   casserole dish;
saucepan
cada   each, every; — vez
más   more and more
cadena   chain
cadete   m.   cadet
caer(se)   to fall; dejar —   to
drop
café   m.   coffee; coffee
house, café
calamidad   f.   calamity,
misfortune
calcular   to calculate
cálculo   calculation,
computation
calidad   f.   quality
calificar (qu)   to qualify,
describe; to call, to label
californiano   Californian;
adj. Californian
calmar   to calm
calor   m.   heat; hace — it's
warm, hot
caloría   calorie
callar(se)   to be silent, keep
silence
calle   f.   street; —
abajo   down the street
cama   bed

camarera   waitress
camarero   waiter
cambiar   to change,
exchange; — de
opinión   to change one's
mind
cambio   change; en —   on
the other hand
caminar   to walk
camino   road; a mitad de
—   half-way
camisa   shirt
campaña   campaign;
tienda de —   tent
campo   country,
countryside, field; — de
golf   golf course
canadiense   m. & f.
Canadian; adj. from or of
Canada
canción   f.   song
candidato   candidate
candidatura   candidacy
caníbal   m.   cannibal; adj.
cannibal
caniches   m. pl.   poodles
canje   m.   exchange
(military, diplomatic)
cansado   tired
cansancio   weariness,
fatigue
cantar   to sing
cantidad   f.   quantity
caos   m.   chaos
capacidad   f.   capacity
capaz (pl. capaces)   capable
capitán   m.   captain; pilot
capítulo   chapter
captar   to captivate; to
capture; to grasp; (fig.) to
imagine
capturar   to capture
cara   face
carácter   m.   character
característica
characteristic
característico   adj.
characteristic, typical,
distinctive
caracterización   f.
characterization
caracterizar (c)   to
characterize

carcajada burst of laughter, guffaw

cárcel *f.* jail, prison

carcelario relating to prison

caridad *f.* charity

cariño affection; dear (*as a term of address*)

cariñoso affectionate

carne *f.* meat; flesh

caro expensive

carpintero carpenter

carrera race; career, course of study

carretera highway

carro car; cart, carriage

carta letter

cartel *m.* sign; poster

cartero *m. & f.* mail carrier

casa house; home; **en —** at home

casado married; **recién —** newlywed

casarse (con) to get married, to marry

casco helmet: **— de cebolla** coat of onion

casi almost

caso case; **en todo —** at all events, in any case

castaño chestnut-colored; brown

castellano Castilian; *adj.* Castilian

Castilla Castile (*area in north and north central Spain*)

casualidad *f.* chance, coincidence; **por —** by chance

categoría category

catorce fourteen

causa cause; **a — de** because of

causar to cause, to bring about; to make

cautividad *f.* captivity, confinement

caza *m. & f.* fighter plane; **— de hélices** propeller-driven fighter plane

cazador(a) hunter

cebolla onion

celda cell (*prison*)

celebración *f.* celebration

celebrar to celebrate

célebre celebrated, renowned, famous

celeste celestial, heavenly

celos *m. pl.* jealousy; **tener —** to be jealous

celoso jealous

celular cellular

cena supper, dinner

cenar to eat supper, dinner

censura censorship

centenar *m.* hundred

centímetro centimeter

centro center, middle; downtown; **— veraniego** summer resort

ceñir (i, i) to gird, hem in

Centroamérica Central America

centuplicar (qu) to multiply a hundred fold

cerca nearby; **— de** near

cercano near

cerebro brain

cerrar (ie) to close

certamen *m.* contest

ciego blind person; *adj.* blind

cien one hundred

ciencia science

científico scientist; *adj.* scientific

ciento one hundred; **por —** per cent

cierto certain, true; **hasta — punto** to a certain extent, up to a certain point; *adv.* certainly

cigarrillo cigarette

cigarro cigar

cinco five

cincuenta fifty

cine *m.* movies; movie theater

cinematográfico cinematographic, of the movies

cínico cynical

circuito circuit

círculo circle

circunstancia circumstance

cita appointment; date

ciudad *f.* city

ciudadano citizen

civilización *f.* civilization

clara (egg)white

clarividencia clairvoyance

claro clear, light (*in color*); *adv.* clearly, of course; **— que** naturally; **— está** of course

clase *f.* class, kind, type; **sala de —** classroom; **compañero de —** classmate

clásico classic, classical

Claudio Claudius

clave *f.* key, clue; **mensaje en —** coded message

clérigo clergyman

clínica clinic

clip *m.* paperclip

cobarde coward

cobrar to charge, collect (*money*)

cocer (ue) (z) to cook, to boil

coctel *m.* cocktail

cocina kitchen, cookery; cooking, cuisine

cocinar to cook

cocinero cook

coche *m.* car

código code

coger (j) to catch; to grasp, to seize

cohete *m.* rocket

cohibirse to be inhibited

coincidir to coincide, to concur

cola tail; line (*of people*)

colaborar to collaborate

colección *f.* collection

colectivo *adj.* collective

colegio school; **— bilingüe** bilingual school

colgar (ue) to hang

colocar (qu) to locate, place

Colón: Cristóbal Colón Christopher Columbus

colonia colony

colorado colored red

columna column

columnista *m. & f.* columnist

collar *m.* necklace, collar

comandante *m.* commander

combatir to combat

comedor *m.* dining room

comentar to comment (on); to explain

comentario commentary, comment

comenzar (ie) (c) to begin

comer to eat; — **en la mano** to eat out of one's hand; **—se** to eat up

comercial commercial

comerciante *m. & f.* trader, merchant

comercio commerce; business

comicidad *f.* quality of being comical, humorous

cómico comic, funny; **dibujo** — cartoon; **historietas cómicas** comics, comic strips; **tiras cómicas** comic strips

comida food, meal; dinner

como as, like, such as; in as much as; — **de costumbre** as usual; **tan(to) . . . como** as . . . as; **¿cómo?** what? how? **¡cómo no!** of course

cómodo comfortable

compañero companion, friend; — **de clase** classmate

compañía company

comparar to compare

compartir to share

compatibilidad *f.* compatibility

compatriota *m. & f.* compatriot, fellow citizen

compensar to compensate; to make up for

complejidad *f.* complexity

complejo complex, complicated

complementario: **pronombres complementarios** object pronouns

completar to complete

completo complete, full; **por —** completely

complicado complicated, complex

componer to compose, make up

comportamiento behavior; **la modificación de —** behavior modification

composición *f.* composition

compra purchase, buying

comprar to buy

comprender to understand

comprensible understandable

comprensión *f.* understanding

computadora computer

computorizado computerized

común common; **sentido —** common sense

comunicación *f.* communication; — **en dos sentidos** two-way communication

comunicar(se) (qu) to communicate

comunidad *f.* community

comunismo communism

con with

concebir to conceive

conceder to concede; to grant; to give

concentrar to concentrate

concéntrico concentric

concepto concept

conciencia conscience

concierto concert

concluir (y) to conclude

concordar (ue) to agree

concreto concrete; **poesía concreta** concrete poetry

concurso contest

condición *f.* condition

conducir (zc) to drive; to lead; to conduct

conducta conduct, behavior

conductor *m.* driver

confección *f.* manufacture (*of clothing*)

confeccionar to make

confesar (ie) to confess

confiable trustworthy

confianza confidence, trust; **tener — en** to trust

confinado confined

conflicto conflict, struggle

conformista *m. & f.* conformist

confundido confused

conocer (zc) to know, be acquainted with; to meet; **—se (a sí mismo)** to know oneself; **conócete a ti mismo** know thyself

conocido known; well-known

conocimiento knowledge

conquista conquest

conquistar to conquer, overcome; to win another's affection

consecuencia consequence

conseguir (i,i) to obtain, get; — + *inf.* to succeed in

consejero advisor, counselor

consejo advice

conservación *f.* conservation, preservation

conservador(a) conservative

conservar to conserve, preserve, keep; **—se** to keep

consideración *f.* consideration

considerar to consider

consistencia consistency, firmness

consistir (en) to consist (of)

conspiración *f.* conspiracy, plot

constituir (y)   to constitute
construcción f.   construction
construir (y)   to construct,
  build
consultor(a)   consulting,
  advising
consultorio   consulting
  room
consumidor(a)   consumer
contacto   contact
contagiar   to infect, to
  communicate a disease
contar (ue)   to count; to
  relate, tell; — chistes   to
  tell jokes
contemplar   to contemplate
contemporáneo
  contemporary
contenido   contents
contento   happy,
  contented; pleased
contestar   to answer
continente m.   continent
continuación f.
  continuation; a —   next,
  immediately afterwards
continuar   to continue, go
  on
continuo   continuous
contra   against; en — de
  against
contraer   to contract; —
  enfermedad   to contract,
  catch a disease; —
  matrimonio   to marry
contrario: al contrario de
  to the contrary
contrato   contract
contribuir (y)   to contribute
controlar   to control
controversia   controversy
convencer (z)   to convince
conveniencia   convenience
conveniente   convenient
convenir   to be a good
  thing
conversación f.
  conversation
conversar   to converse, talk
conversión f.   conversion,
  change; tabla de
  conversiones   conversion
  table

convertir (ie, i)   to convert,
  change; —se en   to
  change into, become
convicción f.   conviction
coquetear   to flirt
corazón m.   heart
coro   choir, chorus;
  assembly
corona   crown
coronel m.   colonel
corporación f.   corporation
corregir (i) (j)   to correct
correo   mail
correr   to run
corresponder (a)   to
  correspond (to)
corrida   bullfight; — de
  toros   bullfight
corriente   common, usual
cortar   to cut
corte f.   royal court
cortesía   courtesy,
  politeness
corto   short, brief
cosa   thing, matter
cosaco   Cossack; adj.
  Cossack
cosmopolita   cosmopolitan
costa   coast
costar (ue)   to cost
costo   cost
costumbre f.   custom
creación f.   creation
creador(a)   creator; adj.
  creative
crear   to create
creativo   creative
crecer (zc)   to grow
crédito   credit; tarjeta de —
  credit card
creencia   belief
creer   to believe, think; —
  se   to consider oneself
criado   servant
criar   to raise
crimen m.   crime
crisol m.   crucible; — de
  las razas   melting pot
cristalizarse (c)   to
  crystallize
Cristóbal   Christopher; —
  Colón   Christopher
  Columbus

criticar (qu)   to criticize
crítico   critical
crónica   chronicle
cronológico   chronological
crucigrama m.   crossword
  puzzle
cruz f.   cross; — Roja   Red
  Cross
cuaderno   notebook
cuadro   square
cual: el cual   who, which;
  cada —   each one;
  ¿cuál?   which (one)?
  what?
cualidad f.   quality;
  characteristic
cualquier(a)   any; anyone
  at all
cuando   when; de vez en
  —   from time to time;
  ¿cuándo?   when?
cuanto: en cuanto   as soon
  as; en — a   with respect
  to; ¿cuánto?   how
  much? ¿cuantos?   how
  many?
cuarto   room, bedroom;
  quarter, fourth; quart
cuatro   four
cubano   Cuban; adj.
  Cuban
cubierta   cover
cubierto p.p. of cubrir
  covered
cubrir   to cover
cucharada   spoonful
cucharadita   teaspoonful
cuchillo   knife
cuenta   account; bill; darse
  — (de)   to realize; tener
  en —   to keep in mind;
  tomar en —   to take into
  account
cuentecito dim. of cuento
cuento   short story
cuerda   cord, string; rope
cuerpo   body
cuestión f.   matter,
  question
cuestionario   questionnaire
cuidado   care; ¡cuidado!
  careful!, look out!
cuidar   to ·take care of

culinario culinary

culpa blame; **tener la —** to be to blame for, to be responsible for

culpable guilty

cultivar to cultivate

cultura culture

cumbre *f.* top, summit

cumplimiento fulfillment

cumplir to complete, to fulfill; **— años** to reach one's birthday; **— con** to complete one's obligation

cura cure

curar to cure

curioso curious; strange, unusual

cuyo whose

CH

chaqueta jacket

charlatán (charlatana) loquacious, talkative

chequeo check-up; **— médico** medical examination

chica girl

chico boy

chimenea chimney

chimpancé *m.* chimpanzee

chiste *m.* joke

chistoso humorous, funny

chocar (qu) to collide

choque *m.* collision

chorizo a type of pork sausage

chorro flow or stream (*of liquid*); **chorrito de vinagre** a "splash" of vinegar

D

dama lady; noble or distinguished woman

danés: gran danés Great Dane

dañar to harm, damage

daño harm, damage

dañoso harmful

dar to give; **— las gracias** to give thanks; **— la mano** to shake hands; **—se cuenta (de)** to realize; **¿qué más da?** so what? **el reloj da** the clock strikes

datar to date (back to)

datos *m.pl.* data, facts

de of; from; about, concerning

dé *subj. of* **dar**

debajo under, beneath; **— de** under, beneath

debatir to debate

deber to owe; to have to (must, should, ought)

débil *m. & f.* weak person; *adj.* weak

debilidad *f.* weakness

década decade

decadencia decadence

decapitado decapitated; cut off, out

decente respectable; decent

decepción *f.* deception

decidir(se) to decide

decir (i) to say, tell; **es —** that is to say; **querer —** to mean

decorar to decorate, garnish

decreto decree

dedicar (qu) to dedicate

deductivo deductive

defecto defect

defender(se) (ie) to defend (oneself)

defensa defense

defensor(a) defense attorney

definir to define

definitivo definitive, conclusive

deformado deformed

dejar to leave; to allow, let; **— de** to stop, cease

delante before, in front; **— de** ahead of, in front of

delfín *m.* dolphin

delicado delicate, fragile; good-looking

demanda demand

demás: los (las) demás the rest; others

demasiado too much; *adv.* too; too much

demostración *f.* demonstration

demostrar (ue) to show, demonstrate

dentista *m. & f.* dentist

dentro within, inside; **— de** within, inside of, in; **por —** (on the) inside

departamento department

dependencia dependence

depender (de) to depend (on)

dependiente, (dependienta) employee, clerk

deporte *m.* sport

derecha right (*side or direction*); **a la —** to the right

derecho right; **tener — a** to have the right to

derrocado overthrown

desacuerdo disagreement

desagradable disagreeable, unpleasant

desalojar to eject, to dislodge, to remove

desaparecer (zc) to disappear

desarrollar to develop

desarrollo development

desayuno breakfast; **tomar el —** to eat breakfast

descansar to rest

descifrar to decipher

descolorido discolored

desconcertado disturbed, confused

desconocido unknown

describir to describe

descripción *f.* description

descrito *p. p. of* **describir**

descubierto *p. p. of* **descubrir** discovered; *adj.* uncovered

descubrir to discover, find out

descubrimiento discovery

descuidar to neglect

desde from; since; **desde . . . hasta** from . . . to

deseable desirable

desear to desire, wish, want

desempeñar to discharge; to act; — **un papel** to play a role

desenlace m. story ending, conclusion, dénouement

deseo desire, wish

desesperado desperate

desfile m. parade, procession; march

desgastado worn out

desgraciarse to get into trouble; to fall through, to fail

deshuesar to remove bones

desintegrar(se) to disintegrate

desnudarse to get undressed

despedir (i, i) to dismiss (from a job), to fire

despegar (gu) to separate, detach, unglue

despersonalización f. depersonalization

despertar(se) (ie) to wake up, awaken

después afterwards; later; then; — **de** after

destacarse (qu) to stand out

destinado destined

destino destiny

destrucción f. destruction

destructivo destructive

destructor(a) destructive

destruir (y) to destroy

desventaja disadvantage

detallado detailed

detalle m. detail

determinar(se) to determine

detrás (de) behind

devolver (ue) to return

devorar to devour

día m. day; **hoy (en) —** nowadays; **de —** by day; **al —** per day; **poner al — ** to bring up to date; **al — siguiente** (on) the following day; **todos los días** every day

diagnóstico diagnosis

diálogo dialogue

diario daily

dibujar to draw

diccionario dictionary

diciembre m. December

dicho p.p. of **decir** said

dieciséis sixteen

diente m. tooth; **lavarse los dientes** to brush one's teeth

dietético dietetic

diez ten

diferencia difference

diferente different; various

difícil difficult; hard

dificultad f. difficulty, problem

diligente diligent

dimensión f. dimension; size

dinámico dynamic

dinero money; — **en efectivo** cash

dios m. god; **Dios** God; **¡por Dios!** for Heaven's sake!

dirección f. address; direction

directo direct

director(a) director; editor; manager

dirigir (j) to direct, to address; to steer, guide

discernir (ie) to discern, to distinguish

disco record

discoteca discotheque

discutible controversial

discutir to argue; to discuss

diseñar to design

diseño design

disfrazar(se) (c) (de) to disguise (oneself) (as)

disgustar to displease, to offend

disimulado sly; dissembling

disposición f. disposition; **a su —** at your service, at your command

dispuesto ready, disposed

distancia distance

distinto distinct, different

distribuir (y) to distribute

distrito district

diversidad f. diversity

diversión f. diversion, amusement, entertainment

diverso diverse, different; pl. various, several

divertido amusing, entertaining

divertirse (ie, i) to have a good time, amuse oneself

doblar to turn; to fold

doble double

doce twelve

docena dozen

dólar m. dollar

dolor m. pain; grief

domador(a) tamer; — **de fieras** lion tamer

domar to tame; «**La fierecilla domada**» The Taming of the Shrew

domesticación f. domestication, taming

domesticar (qu) to tame, domesticate

doméstico domestic

domicilio residence

dominar to dominate; to rule

don Don (title of respect used before male first names)

donar to donate, to give

donante m. & f. giver, donor; — **de sangre** blood donor

donde where; **¿(a)dónde?** where (to)?

doña Doña (title of respect used before female first names)

dormir (ue, u) to sleep; — **la siesta** to take a siesta, nap

dos   two

doscientos, (doscientas)
two hundred

drama *m.*   drama, play

dramático   dramatic

dramatizar (c)   to
dramatize, to act out

ducha   shower

duda   doubt; **sin —**
doubtless, no doubt; **no
cabe —**   there's no doubt

dudar   to doubt

duelo   duel

dulce *m.*   sweet, candy;
adj. sweet

duplicar (qu)   to duplicate

duquesa   duchess

duración *f.*   duration

durante   during; for

E

e   and (*used when the
following word begins
with* i *or* hi)

ecología   ecology

economía   economics; **—
doméstica**   home
economics

económico   economic

echar   to throw, toss; **— de
menos**   to miss; **— una
siesta**   to take a siesta,
nap; **— piropos**   to
compliment; **— un pial**
to lasso; **—se a** + *inf.*   to
begin, to start

edad *f.*   age; era, time;
¿qué — tiene Ud.?   How
old are you?

editado   edited, published

educación *f.*   education

educar (qu)   to educate, to
instruct

EE. UU. *abbrev.* **Estados
Unidos**

efecto   effect; **en —**   in fact

efectuar   to effect, to carry
out

eficaz   effective

egoísmo   selfishness,
egoism

egoísta   selfish, self-
centered

ejecutivo   executive

ejemplar *m.*   copy (*of a
book*); *adj.* exemplary

ejemplo   example; **por —**
for example

ejercer (z)   to exercise, to
practice, to perform

ejercicio   exercise

el   the; **— que**   he who

él   he; him

elaborado   elaborate;
manufactured; fashioned

elección *f.*   election

electrocardiograma *m.*
electrocardiogram

electrónico   electronic

elefante *m. & f.*   elephant

elegante   elegant, stylish

elegir (i, i) (j)   to elect, to
choose

elemento   element;
ingredient

elevarse   to rise, ascend

eliminar   to eliminate

elogio   praise

ella   she; her

ello   it

ellos, (ellas)   they

embarcarse (qu)   to
embark, to set out

embargo: sin embargo
nevertheless, however

emigrar   to emigrate

eminente   eminent,
prominent

emitir   to emit

emoción *f.*   emotion

emocional   emotional

emocionarse   to get excited

emperador *m.*   emperor

emperatriz *f.*   empress

empezar (ie) (c)   to start,
begin

empleado   employee

emplear   to use; to employ,
hire

empleo   employment;
business; use

empresa   company

en   in; into; on; upon; at

enajenado   alienated

enamorado   in love

enamorarse (de)   to fall in
love (with)

encaminarse (a)   to be on
the way to, to take the
road to

encantado   enchanted,
charmed; pleased to meet
you

encantador(a)   charming,
delightful

encanto   charm,
enchantment

encarcelado   prisoner

encarcelamiento
imprisonment

encarnar   to embody

encarnación *f.*   incarnation

encender (ie)   to light

encerrar (ie)   to lock up

encierro   running of the
bulls

encima (de)   on (top of); **por
— de**   over

encontrar (ue)   to find; **—se**
to be; to be found; **—se
con**   to come across,
meet

encuentro   encounter,
sudden meeting

endocrinológico
endocrinological

enero   January

énfasis *m & f.*   emphasis

enfermarse   to become sick

enfermedad *f.*   illness,
disease

enfermero   nurse

enfermo   sick person; *adj.*
sick, ill

enfrentarse (a)   to face, to
oppose

enfrente (de)   opposite, in
front (of)

engrandecer (zc)   to extol,
exalt

enigmático   enigmatic,
puzzling, inexplicable

enojado   angry

enojarse   to get angry

enorme   enormous

**ensaladilla: ensaladilla
rusa**   Russian-style salad

enseñar to teach; to show
ensimismado selfish, absorbed in thought
ente *m.* being
entender (ie) to understand
entonación *f.* intonation
entonces then
entrada entry, door; gate
entrar to enter, go in
entre between, among
entrenador *m.* trainer
entrenar to train
entretanto meanwhile
entrevista interview
entrevistador *m.* interviewer
entrevistar to interview
entusiasmo enthusiasm; **con —** enthusiastically
envejecimiento aging process
enviar to send
envuelto *p.p. of* **envolver** wrapped
envolver (ue) to wrap (up)
episodio episode
época epoch, age, time
equilibrio equilibrium, balance
equipo team
equivalente equivalent
equivaler to be equivalent
era epoch, age, time
érase: érase una vez once upon a time
errado erroneous
escala scale
escandalizar (c) to scandalize
escandaloso scandalous, shameful
escapar(se) to escape
escaparate *m.* shop window
escacez *f.* scarcity; meagerness
escena scene
escenario stage; script, scenario
escoger (j) to choose
esconder(se) to hide
escribir to write

escrito *p.p. of* **escribir** written
escritor(a) writer
escuadrilla squadron
escritura handwriting, writing; **las Sagradas Escrituras** Holy Scriptures
escuchar to listen (to)
escuela school
escultura sculpture
ese, (esa) that; *pl.* those
ése, (ésa) that one; *pl.* those
esencial essential
esforzarse (ue) (c) to exert oneself, to try hard
esfuerzo effort; exertion; stress; **pruebas de —** stress tests
eso that; that thing; that fact; **a — de** about; **por —** therefore, for that reason
espacio space, room
España Spain
español(a) Spaniard; *adj.* Spanish
espantar to frighten, to scare
especial special
especialista *m. & f.* specialist
especie *f.* species, kind, class
específico specific
espectáculo show
espectador(a) spectator
especulación *f.* speculation
especular to speculate
especulativo speculative
esperanza hope
esperar to wait (for); to hope (for); to expect; **que sí** to hope so
espesura density, thickness; thicket, closely planted wood
espía *m. & f.* spy
espiritismo spiritualism, spiritism
espíritu *m.* spirit

esposa wife
esposo husband
esquizofrénico schizophrenic
establo stable
estacionar(se) to park
estado state; condition
Estados Unidos United States
estadounidense of or from the United States
estallar to explode; (*fig.*) to break out
estampilla stamp
estancia stay
estar to be; to be present; to look, to taste; **— de acuerdo (con)** to agree (with); **¡claro está!** of course!
estatua statue
este, (esta) this; *pl.* these
éste, (ésta) this one; *pl.* these
estelar stellar
estéreo stereo
estereotipar to stereotype
estereotípico stereotypic
estereotipo stereotype
estético aesthetic
estilo style
estimado esteemed, dear
esto this; this thing; this matter
Estocolmo Stockholm
estómago stomach
estrategia strategy
estratégico strategic
estrella star
estricto strict
estructura structure
estudiante *m. & f.* student
estudiar to study
estudio study
estudioso studious
estupendo wonderful
etapa stage, step
eterno eternal
étnico ethnic
Europa Europe
europeo European; *adj.* European
evaluar to evaluate

evidente evident, obvious

evitar to avoid

exactitud *f.* exactness, accuracy

exacto exact

exagerar to exaggerate

examen *m.* examination

examinar to examine; **—se** to take an examination

exceder to exceed

excelente excellent

excéntrico eccentric

excepción *f.* exception

excesivo excessive

exclamación *f.* exclamation

exclamar to exclaim

exclusivo exclusive

exhalar to exhale

existencia existence

existente existing, existent

existir to exist

éxito success; **tener —** to be successful

experiencia experience

experimentar to experiment; to experience

experto expert

explicación *f.* explanation

explicar(se) (qu) to explain

exploración *f.* exploration; **— de radiodiagnóstico** X-rays

explotar to explode

exportar to export

exposición *f.* exposition, exhibition

expresar to express; **—se** to express oneself

expresión *f.* expression

exquisito exquisite; delicious; excellent

extender(se) (ie) to extend, to spread

extranjero foreigner; *adj.* foreign

extraño strange

estraordinario extraordinary

extrasensorial: percepción extrasensorial extrasensory perception, ESP

extraterrestre from outerspace

extremista extremist

extremo highest degree, extreme

extrovertido extrovert

F

fábrica factory

fabricar (qu) to build, to construct; to manufacture

fabuloso fabulous

faceta facet

fácil easy

facilidad *f.* ease; facility

falda skirt

falso false

falta lack; absence; **hace —** is necessary

faltar to be lacking; **—le a uno algo** to be lacking something

fallar to fail

fama fame, reputation

familia family

familiar (pertaining to the) family

famoso famous, well-known

fantasía fantasy

fantástico imaginary, unreal; fantastic

fascinar to fascinate

fascinante fascinating

fase *f.* phase

fastidiado bothered, "hassled"

favor *m.* favor; **estar a — de** to be in favor of; **por —** please

favorito favorite

faz *f.* face

fe *f.* faith

febrero February

fecha date (*calendar*)

felicidad *f.* happiness

felicitar to congratulate

feliz (*pl.* felices) happy

femenino feminine

fenómeno phenomenon

feo ugly

ferino wild, savage; **tos ferina** whooping-cough

festividad *f.* festivity; holiday

fiar (en) to trust

ficción *f.* fiction

ficticio fictitious

fiel faithful

fiera wild beast; **domador de fieras** wild animal trainer

figura figure

figurar to figure

fijarse (en) to pay attention (to)

filosofía philosophy

filósofo philosopher

fin *m.* end; **— de semana** weekend; **al —** at last; **en —** in short; **por —** finally

final *m.* end; **al —** at last, at the end

finalmente finally, at last

finca farm

fingir (j) to pretend, to feign

fino fine

firma signature

fiscal *m. & f.* prosecuting attorney

físico physique, build; *adj.* physical

flor *f.* flower

florero flower pot

folleto brochure, pamphlet

fondo fund

forense: juicio forense trial

forma form, shape; way

formalidad *f.* formality

formar to form; to constitute, make up

formato format

formular to formulate

formulario form

fortuna luck, fortune

forzar (ue) (c) to force

foto *f.* photo; **sacar una —** to take a photograph

frágil fragile

francés, (francesa) French person; *adj.* French

franco frank, open, candid

frase *f.* phrase; sentence

frecuencia frequency; **con —** frequently

frecuente frequent

freno brake

frente *m.* front (*line*); *f.*

forehead; **— a** facing, in the face of

fresco fresh, cool

frontera border

frustración *f.* frustration

frustrar to frustrate

fruta fruit

fuego fire

fuente *f.* fountain; source

fuera outside; away; **— de** outside of, beyond; **por —** (on the) outside

fuerte strong; harsh; loud; heavy

fuerza force, strength; **— aérea** air force

fumar to smoke

función *f.* entertainment, social engagement; function

funcionar to function; to work, run (*said of machines*)

fundación *f.* foundation

furia fury, rage

furioso furious, angered, angry

furor *m.* fury; rage; enthusiasm

furtivo furtive

fútbol *m.* soccer; **— americano** football

futuro future

G

galán *m.* handsome man

galaxia galaxy

galón *m.* gallon

gana desire, will; **tener ganas (de)** to feel like

ganado livestock, cattle

ganador(a) winner

ganar to gain; to win; to earn; **—se la vida** to earn one's living

garaje *m.* garage

garantía guarantee

garra claw; **las garras** (*fig.*) grasp

gasolina gasoline

gasolinera gas station

gastar to spend; to waste

gaucho a "cowboy" of the pampas (*famous for horsemanship and skill in fighting*)

generación *f.* generation

general: por lo general generally

generoso generous

genio genius; temper, disposition; **mal —** bad or ill temper

gente *f.* people

geométrico geometric

geriatra *m.* specialist in geriatrics; geriatrician

gerontólogo gerontologist (*one who studies aging*)

gestación *f.* gestation

gesto gesture

girar to rotate; to turn; to resolve

girasol *m.* sunflower

gloria glory

gobierno government

golosina delicacy, sweet morsel; **golosinas** sweets, "junk food"

golpe *m.* blow, knock; **dar un —** to hit

golpear to beat, strike, hit, knock

gorila *m.* gorilla

gozar (c) (de) to enjoy

gozo joy, pleasure, satisfaction

gracias *f. pl.* thank you

gran(de) large, big; great

grasa grease; fat; oil

grave serious, grave

gritar to shout

grupo group

guapa pretty

guapo good-looking, handsome

guardar to keep

guerra war

gustar to like; to please; **— más** to prefer

gusto pleasure; taste

H

haber to have (*auxiliary*); **— de** + *inf.* to have to; must

había there was, there were; **— que** it was necessary to

habilidad *f.* ability, skill; talent

habitación *f.* room

hablar to talk, speak

hace: hace + *time expression* + *pret.* ago; **hace** + *time expression* + **que** + *pres.* has . . . for . . .

hacelotodo do-it-all

hacer to make; to do; **— calor** to be warm, hot; **— frío** to be cold; **— una pregunta** to ask a question; **—se** to become; **—se amigos** to make friends, to become friends

hacia toward; **— abajo** down

hacienda farm; ranch; estate

hada fate; **— Fortuna** the good fairy

halagador(a) flattering

hallar to find

hambre *f.* hunger; **tener —** to be hungry

hasta until; **— que** until; **desde . . . hasta** from . . . to, until; **— cierto punto** up to a certain point, to a certain extent

hay there is, there are; **— que** + *inf.* one must, it's necessary to

hazaña achievement, heroic feat

hebreo Hebrew; *adj.* Hebrew

hecho act; fact; incident; *p.p. of* **hacer** done; made

hélice *f.* propeller; **caza de —** propeller-driven fighter plane

hembra female

heredera heiress

heredero heir

herida wound; injury

herido wounded; hurt

herir (ie, i) to wound; to hurt
hermana sister
hermano brother
hermoso beautiful
héroe *m.* hero
heroína heroine
hervir (ie, i) to boil
hibernación *f.* hibernation
hígado liver
higiene *f.* hygiene; (health) care
hija daughter
hijo child; son; *pl.* children
hispánico Hispanic
Hispanoamérica Spanish America
hispanoamericano Spanish American; *adj.* Spanish American
hispanohablante *m. & f.* Spanish-speaking person; *adj.* Spanish-speaking
historia history; story
histórico historical; historic
historieta: historietas cómicas the comics, the funny pages
hogar *m.* hearth; home
hoja leaf; **— de servicios** service record
hola hi, hello
hombre *m.* man; mankind; **— de negocios** businessman; **— de mundo** man of the world
homenaje *m.* homage
hondo deep
honradez *f.* honesty, integrity
honrado honorable, honest, just
hora hour; time
horario timetable; schedule
horóscopo horoscope
horroroso horrible, frightful, terrible
hotelero hotelkeeper
hoy today; **— (en) día** nowadays
huelga strike
huevo egg

humanidad *f.* humanity; *pl.* humanities, liberal arts
humanitario humanitarian
humanitarista *m. & f.* humanist, humanitarian
humano human being; **ser —** human being; *adj.* human
humilde humble
humo smoke
humor *m.* humor; mood; **de buen —** good-natured, in a good mood; **de mal —** ill-tempered, in a bad mood
humorístico humorous

I

idealista *m. & f.* idealist; *adj.* idealistic
idealizar (c) to idealize
idéntico identical
identidad *f.* identity
identificar(se) (qu) to identify (oneself)
ideología ideology
idioma *m.* language
idiomático idiomatic, proper to a language
idiota *m. & f.* idiot; *adj.* idiotic
ido *p.p.* of **ir** went
ídolo idol
ignorante ignorant, stupid; unaware, not knowing
ignorar to be ignorant of, not to know
igual equal; the same
igualdad *f.* equality
ilegal illegal
iluminar to illuminate, light up; to light
ilusionar to fascinate
iluso deluded; *(fig.)* dreamer
ilustración *f.* illustration
ilustrar to illustrate
imagen *f.* image
imaginación *f.* imagination

imaginar to imagine; **—se** to imagine, suppose
imaginario imaginary
imaginativo imaginative
imitación *f.* imitation
impacto impact
impedir (i,i) to impede
impetuoso impetuous
implicación *f.* implication
implicar (qu) to imply
importancia importance
importante important
importar to be important; to matter
imposible impossible
impresión *f.* impression
imprimir to print
impulsar to impel, to urge; to drive, move
impulsivo impulsive
impuntual not punctual
inadaptado maladjusted
inaguantable insupportable, intolerable
inapetente having no appetite
inaugurar to inaugurate, to open
incitar to incite, excite, stimulate
incluir (y) to include
incluso including, included; even
incompleto incomplete
incomprensible incomprehensible
identidad *f.* identity
independencia independence
independiente independent
indicación *f.* indication
indicar (qu) to indicate, point out
índico East Indian; **Océano Indico** Indian Ocean
indio Indian; *adj.* Indian
indirecto indirect; **pronombre —** indirect object pronoun
individualista *m. & f.* individualist; *adj.* individualistic

indudable indubitable, certain

inesperado unexpected, unforeseen

infancia infancy

influencia influence

influir (y) to influence

información *f.* information

informar to inform; **—se** to find out

informativo instructive, informative

informe *m.* report, statement

Inglaterra England

inglés, (inglesa) English person; *adj.* English

ingrediente *m.* ingredient

ingresar to enter

ininterrumpido uninterrupted

inhibición *f.* inhibition

inhibido inhibited

inicial initial

iniciar to initiate

iniciativa initiative

injusticia injustice

inmaculado immaculate, spotless, pure

inmediato immediate

inmenso immense

innovador(a) innovative

inmunobiológico immunobiologic

inocente innocent

inodoro toilet

insidioso insidious

insistir (en) to insist (on)

inspirar to inspire

instantáneo instant

instante *m.* instant, moment; **comidas al —** instant, pre-packaged foods

instintivo instinctive

institución *f.* institution

instrucción *f.* instruction

instrumento instrument

insulto insult

integrado integrated

inteligencia intelligence

inteligente intelligent

intención *f.* intention, design, purpose

intentar to try, attempt

intento intent, purpose

intercambiar to exchange

intercambio interchange, exchange

interdependencia interdependence

interés *m.* interest

interesante interesting

interesar(se) to interest

interferencia interference

internacional international

interplanetario interplanetary

interpretación *f.* interpretation

interpretar to interpret

intérprete *m. & f.* interpreter

intersección *f.* intersection

interrupción *f* interruption

interrumpir to interrupt

intervención *f.* intervention

intervenir to intervene

intimidad *f.* intimacy, close relationship

íntimo intimate, close

intrigar (gu) to intrigue

intenso intense

introvertido introverted

inútilmente uselessly

invalidez *f.* invalidity, illness

inventar to invent

investigación *f.* investigation

investigar (gu) to investigate

invierno winter

invitación *f.* invitation

invitar to invite

involuntariamente involuntarily

inyección *f.* injection

inyectar to inject

ir to go; **— a +** *inf.* to be going to; **— de paseo** to go for a walk; **—se** to go away; to leave

irlandés, (irlandesa) Irish person; *adj.* Irish

irreal unreal

irresponsable irresponsible

isla island

izquierda left; **a la —** on the left

izquierdista leftist

izquierdo left

J

jabón *m.* soap

jamás never, not ever

jamón *m.* ham

jarrón *m.* large jar, urn, flower-vase

jefe *m.* boss; **— del gobierno** head of the government

jirafa giraffe

joven *m. & f.* young person; *adj.* young

joya jewel

jubilarse to retire

juego game; sport; **Juegos Olímpicos** Olympic Games

juez (*pl.* **jueces)** *m. & f.* judge

jugador(a) player

jugar (ue) (gu) to play (*a sport or game*); **— a las cartas** to play cards

juguete *m.* toy

juicio judgment; **— forense** trial

julio July

jungla jungle

junio June

junto joined, united; **— a** near to, close to; **— con** along with; **—s** together

jurado jury, juror

justificar (qu) to justify

justicia justice

juventud *f.* youth

K

kilo kilogram (2.2 lbs.)

kilómetro kilometer (.62 miles)

kínder *m.* kindergarten

L

la the; her, you, it
laberinto labyrinth, maze
labio lip
laboratorio laboratory
lado side
ladrillo brick
lago lake
lágrima tear
lanzar (c) to throw; (*fig.*) to launch
lápiz (*pl.* **lápices**) *m.* pencil
lánguido languid, faint, weak
largo long; **de —** long; in length
las the; them, you (*pl.*)
latino Latin
lavabo wash-stand, lavatory
lavar to wash; **—se los dientes** to brush one's teeth
lazo lasso
le (to) him, her, it, you
lección *f.* lesson
lector(a) reader
lectura reading
leche *f.* milk
leer to read
legendario legendary
legumbre *f.* legume; vegetable
lejano distant, remote
lejos far; distant; **— de** far from
lengua tongue; language
lenguaje *m.* language
lento slow
lente *m. & f.* lens; *pl.* glasses
león lion
leona lioness
leopardo leopard
les (to) them, you
letra letter (*of the alphabet*); handwriting, writing
levantarse to get up
ley *f.* law
leyenda legend; caption

liberación *f.* liberation
liberar to liberate
libertad *f.* liberty
libra pound
libre free; **tiempo —** free time
libro book
licor *m.* liquor, spirits
limitar to limit
limitación *f.* limitation
límite *m.* limit
limón *m.* lemon
limpiar to clean
limpio clean
línea figure; line; **— de producción** production line
lingüístico linguistic, pertaining to language
lista list
listo clever, smart; ready
literario literary
litro liter (1.1 quarts)
lo him, you, it; **— de** that business about; **— mismo** the same; **— que** what; **— + *adj.*** the + *adj.* + thing
localidad *f.* locality, location
localizar (c) to locate
loco crazy
locutor(a) (radio) announcer
lógico logical
lograr to obtain, attain; **— + *inf.*** to succeed in
londinense pertaining to London
Londres *m.* London
los the; them, you
lucha fight, struggle
luchar to fight
lúcido lucid
luego then; later
lugar *m.* place; **tener —** to take place
lujo luxury
luna moon
lupa magnifying glass
luz (*pl.* **luces**) *f.* light; **— direccional** turn signal

LL

llamado called, named
llamar to call; **— la atención** to attract attention; **—se** to be named, called
llanta tire
llanura plain, stretch of level ground
llegada arrival
llegar (ue) to arrive; to reach; **— a ser** to become; **— a un acuerdo** to come to an agreement; **— a + *inf.*** to succeed in; **recién llegado** newly arrived
llenar to fill
lleno (de) full (of)
llevar to carry; to take; to lead; to wear; to have spent (*time*); **—se** to win; to carry away, to carry off; **—se bien (con)** to get along well (with)
llorar to cry

M

madre *f.* mother
madurez *f.* maturity
maestro teacher; master
magnético magnetic
magnífico magnificent
mal *m.* evil; **menos —** good thing; lucky; *adv.* badly; ill; bad
malévolo malevolent, hateful
malgastar to waste
mágico magic, magical
malhablado impudent; foul-mouthed; (*fig.*) wise guy
malo bad, evil; sick; **lo —** the bad part; **estar en la mala** to be in trouble
mamá mother, mama, mom
mamífero mammal
mamita mom, mama

mancha spot, blot, stain

mandar to send; to order

mando command; **al — de** under the command of

manejar to drive, to manage, control

manera manner, way; **— de vivir** way of life, life style; **de alguna —** in some way, somehow; **de tal —** in such a way

mango handle; **tener la sartén por el —** to have the upper hand

manía mania, madness

manifestación f. demonstration

manifestar (ie) to exhibit, declare; **—se** to show, appear

mano f. hand; **a —** by hand; **hecho a—** hand-made

mantener to keep, to maintain; **—se** to remain in the same condition

mañana morning; adv. tomorrow

máquina machine

mar m. & f. sea

maravilloso marvelous

marcar (qu) to brand

marcharse to go away, depart

marginado alienated

marido husband

marino marine, nautical, of the sea

mariscal m. marshal

Marte m. Mars

mártir m. martyr

marxismo Marxism

marzo March

más more; most; **— bien** rather; **— o menos** more or less; **¿qué — da?** so what; **cada vez —** more and more

masaje m. massage

masculino masculine, male

matar to kill; **—se** to kill oneself; to kill each other

mate m. Paraguay tea

materia subject-matter

materializar (c) to materialize

matrimonio marriage; married couple

máximo maximum, greatest

mayo May

mayonesa mayonnaise

mayor greater; larger; older; greatest; largest; oldest; **los mayores** "senior citizens"

mayoría majority

mayúscula capital letter

me me; to me; myself

mecánica mechanics

mecánico mechanic; adj. mechanical

mechón m. lock (of hair)

medalla medal; **— de oro** gold medal

media stocking

medianoche f. midnight

mediante by means of

medicina medicine

médico doctor; adj. medical

medida measure

medio means; **por — de** by means of; adj. half

mediterráneo Mediterranean

mejilla cheek

mejor better; best

mejorar to improve

mejoría improvement

melancólico melancholic, sad, gloomy

melodía melody

memoria memory

mencionar to mention

menor younger; smaller; slightest

menos fewer, less; least; **— mal** good thing; lucky; **echar de —** to miss; **ni mucho —** not by any means; **por lo —** at least

mensaje m. message; **— en clave** coded message

mentalidad f. mentality

mente f. mind

mentir (ie, i) to lie

mentira lie; **parece —** it hardly seems possible

mentiroso lying, deceptive, deceitful

menudo: a menudo frequently, often

merecer (zc) to deserve, merit

mérito merit

mes m. month

mesa table

mestizo person of mixed blood

meta goal

metálico metallic

meter to put in; **—se en** to get into

metódicamente methodically

método method

métrico metric

metro meter (39.37 inches)

mexicano Mexican; adj. Mexican

México Mexico; **Nuevo —** New Mexico

mezcla mixture

mezclar to mix, blend

mi my

mí me

miedo fear; **tener —** to be afraid

miedoso fearful

miembro member

mientras while; as long as

mil thousand

mililitro milliliter

militar military

milla mile; **—s por hora** miles per hour

millón million

mina mine

minidiálogo minidialogue

minifalda mini-skirt

minoría minority

minuto minute

mío my; **el —** mine

mirada look

mirar to look (at)

misil m. missile

misionero missionary

mismo same; self; very; **a sí —** (to) oneself; **lo —** the same thing
misterio mystery
místico mystical
mitad f. half
mítico mythical
mito myth
moda fashion, style
modelo model
moderación f. moderation
moderno modern
modificación f. modification; **— de comportamiento** behavior modification
modista seamstress
modo mode, style; **— de vivir** life style; **de — que** so that; **de todos —s** at any rate
modulado modulated
molestar to bother
molestia annoyance, discomfort
momento moment
monetario monetary
mono monkey, ape; overalls
monótono monotonous
monotonía monotony
monstruo monster
montaña mountain
montar to mount; **— a caballo** to mount, ride a horse
monte m. moúntain, mount
moraleja moral (of a fable, etc.)
moralidad f. morality
morir(se) (ue, u) to die; **—se de parto** to die in childbirth
mostaza mustard
mostrar (ue) to show
motivar to motivate
motivo motive
motocicleta motorcycle
movimiento movement
muchacha girl, young woman
muchacho boy, young man

mucho much, a lot of; pl. many; adv. much, a great deal
mudo mute, silent
muebles m. pl. furniture
muerte f. death
muerto dead person; p.p. of **morir** dead; killed
mujer f. woman; wife; **emancipación de la —** women's lib
mujeriego woman-chaser; adj. fond of women, philandering
multa fine, penalty
multilingüe multilingual
mundial world; **Segunda Guerra Mundial** Second World War
mundo world; **hombre de —** man of the world; **todo el —** everyone, everybody; **Nuevo Mundo** New World
municipio municipality
murciélago bat
músculo muscle
música music
muslo thigh
mutuo mutual
muy very

N

nabo turnip
nacer (zc) to be born; to originate
nacido born; **recién —** new-born
nacimiento birth
nación f. nation; **Naciones Unidas** United Nations
nacional national
nacionalizar (c) to nationalize
nada nothing, not anything; **de —** you're welcome; adv. not at all
nadador(a) swimmer
nadar to swim
nadie no one, nobody
nahuatl m. Nahuatl (language spoken by

Aztecs and other Indian tribes of Central Mexico and parts of Central America)
nariz (pl. narices) f. nose
narración f. narration
narrar to narrate
naturaleza nature
Navidad f. Christmas
navío ship
nazismo Nazism
necesario necessary
necesidad f. necessity
necesitar to need
negar (ie) (gu) to deny; **—se (a)** to refuse (to)
negativo negative
negocio business; **hombre de —s** businessman
negro black person; adj. black
nervio nerve
nervioso nervous
neutro neutral
ni nor; **ni . . . ni** neither . . . nor
nieto grandchild
ninguno no, none, not any
niñero babysitter
niño child; pl. children
no no; not
noche f. evening; night; **esta —** tonight
nombrar to name, appoint
nombre m. name
nominación f. nomination
nominar to nominate
norma norm
norte m. north
Norteamérica North America
norteamericano American; adj. American
nos us; to, for, from us; ourselves
nosotros, (nosotras) we; us
nostálgico nostalgic
nota grade; note
notar to notice, note
notario notary
noticia a news item; pl. news
novela novel

noventa ninety

novia fiancée; girlfriend

noviazgo engagement;
  courtship

novio fiancé; boyfriend

nube *f.* cloud

nuestro our

nueve nine

nuevo new; **de —** again;
  Año Nuevo New Year;
  Nueva York New York;
  Nuevo Mundo New World

número number

numeroso numerous

nunca never; not ever

O

o or; **o . . . o** either . . . or

obedecer (zc) to obey

obesidad *f.* obesity

objetividad *f.* objectivity

objetivo objective, goal;
  adj. objective

objeto object; **— volador
  no identificado (OVNI)**
  unidentified flying object
  (UFO)

obligación *f.* obligation

obligar (gu) to oblige,
  compel

obligatorio required,
  obligatory

obra work

obrero worker, laborer

observación *f.* observation

observar to observe, watch

observatorio observatory

obstáculo obstacle

obvio obvious

ocasión *f.* occasion,
  chance, opportunity

océano ocean; **— Indico**
  Indian Ocean

octavo eighth

ocupar to occupy

ocurrencia occurrence,
  incident

ocurrir to occur; to
  happen; to take place

odioso odious, hateful

ocho eight

ofender to offend

ofensivo offensive

oficina office

oficio occupation,
  profession

ofrecer (zc) to offer

oír to hear

ojalá would that, I hope
  that, I wish that

ojo eye

Olimpiadas *f. pl.*
  Olympics, Olympic
  Games

oliva olive

olvidar(se) (de) to forget

olvido forgetfulness;
  oblivion

omnisciente omniscient,
  all-knowing

once eleven

onza ounce

operación *f.* operation

opinar to judge, to think, to
  have an opinion

oportunidad *f.* opportunity

oportunista *m. & f.*
  opportunist

oportuno opportune,
  convenient

opresión *f.* oppression

optimista optimistic

opuesto opposite

oración *f.* sentence

orden *f.* order, command;
  m. order (*arrangement,
  sequence*)

ordenadora computer

ordenar to arrange, to
  order

ordinario ordinary

organismo organism

organización *f.*
  organization

organizar (c) to organize

órgano organ

orientación *f.* orientation

orientar to orient

origen *m.* origin

originar(se) to originate

orilla shore

orina urine

oro gold

orquesta orchestra

os you, to you

oscuro dark

otoño autumn, fall

otro another, other; **otra
  vez** again

**OVNI (objeto volador no
  identificado)**
  unidentified flying object
  (UFO)

oxígeno oxygen

P

pa' *popular form of* **para**

paciencia patience

paciente *m. & f.* patient;
  adj. patient

padre *m.* father; priest; *pl.*
  parents

pagar (gu) to pay (for)

página page

país *m.* country, nation

paisaje *m.* landscape

paja straw

palabra word

pampa pampas, extensive
  plain

pantalón, pantalones *m.*
  pants

pantalla movie screen

pañuelo handkerchief,
  headscarf

papá *m.* father, papa, dad

papel *m.* paper; **tener un
  —** to play a role

paquete *m.* package

para for; in order to

paraguas *m.* umbrella

paraíso paradise, heaven

paralelo parallel

parar(se) to stop

parasicólogo
  parapsychologist

parecer (zc) to seem,
  appear; **—se a** to look
  like; **al —** as it seems; **a
  su —** in your opinion

parecido similar

pared *f.* wall

pareja pair, couple

pariente *m. & f.* relative

parque *m.* park; **— de
  recreo** recreation park

párrafo paragraph

parte *f.* part; **por otra —** on the other hand; **por todas —s** everywhere

participar to participate

particular special, particular

partida departure; **punto de —** point of departure

partido game, match

parto childbirth

pasado past; *adj.* past; **el año —** last year

pasaje *m.* passage

pasajero passenger

pasao *popular form of* **pasado**

pasaporte *m.* passport

pasar to pass; to pass by; to happen; to spend (*time*); **—la bien** to have a good time; **¿qué pasa?** what's going on? what's the matter?

pasatiempo pastime, amusement

Pascua Passover; Easter; Christmas

pasear(se) to take a walk; to go for a ride

paso passage, passing; step

pastilla tablet, pill

pastor: perro pastor German shepherd

patata potato (*Spain*)

paterno paternal

patológico pathological

patrón: santo patrón patron saint

pausa pause

paz *f.* peace

peculiaridad *f.* peculiarity

pecho chest

pechuga breast of a fowl

pedacito *dim. of* **pedazo**

pedazo piece, bit, part; **volver —s** to destroy

pedido request, order

pedir (i, i) to ask for, request; to order (*food*)

pegar (gu) to hit, to beat; to stick

peinado hairdo, coiffure

pelea fight; quarrel

peleador *m.* fighter

pelear to fight

película film, movie; **— muda** silent movie

peligro danger

peligroso dangerous

pelirrojo redhead; *adj.* red-haired

pelo hair

peludo hairy

peluquero hairdresser

penetrar to penetrate

penoso painful

pensador(a) thinker

pensamiento thought

pensar (ie) to think, **— de** to think of; **— en** to think about; **— + inf.** to plan to; to intend to

pensión *f.* board; boarding house, rooming house

pequeño small, little

percepción *f.* perception; **— extrasensorial** extrasensory perception (ESP)

percibir to perceive

perder (ie) to lose; to ruin; **—se** to get lost

perdonao *popular form of* **perdonado**

perdonar to pardon

perecer (zc) to perish

perejil *m.* parsley

pereza laziness, idleness

perfección *f.* perfection; **a —** perfectly

perfeccionar to perfect

perfecto perfect

periódico newspaper

periodista *m. & f.* journalist

perjuicio harm, detriment

perla pearl

permanente permanent

permiso permission

permitir to permit, allow

pero but

perro dog; **— pastor** German shepherd

persecución *f.* persecution

perseguir (i, i) to pursue; to persecute, to harass

persona person

personaje *m.* character (*lit.*); important person

personalidad *f.* personality

perspectiva perspective

pertenecer (zc) to belong

pesar to weigh; **a — de** in spite of

pesca fishing; fish

peseta *monetary unit of Spain*

pesimista pessimistic

pésimo very bad, worst possible

peso weight

pespunte *m.* backstitching

pesquero: buque pesquero fishing boat

peto bib

pez (*pl.* **peces**) *m.* fish

pial *m.* lasso

picado minced, finely chopped

picante hot, highly-seasoned

picar to mince, to chop finely

pie *m.* foot; **a —** on foot, walking; **al — de la página** at the bottom of the page

piel *f.* skin

pierna leg

pieza piece; composition

piloto pilot

pimienta (black) pepper

pinchar to prick, to pierce

pingüino penguin

pintar to paint

pintor(a) painter

pintura painting

piropo compliment, flattering remark; **echar —s** to make flattering remarks

pisar to step on, to walk on

piscina swimming pool

piso *f.* floor, story (*of building*)

pista track; — **de tenis** tennis court

pizco pinch

placer *m.* pleasure

planear to plan

planeta *m.* planet

plano flat

planta plant

plasmar to mould, to shape

plástico plastic

plata silver

platillo saucer; — **volante** flying saucer; — **volador** flying saucer

plato plate, dish

playa beach, shore

pliegue *m.* fold

plaza square, plaza

Plutón *m.* Pluto

pobre poor

pobrecito poor (little) thing

pobreza poverty

pócima potion

poco little *pl.* few, not many; — **a** — little by little; *adv.* a little

poder *m.* power

poder (ue) to be able; can

poema *m.* poem

poesía poetry; poem

poeta *m.* poet

poetisa poetess

policía *m. & f.* police officer; *f.* police (force)

política politics

político politician; *adj.* political

pollera skirt

pollo chicken

poner to put; to place; to turn on; —**se** to put on; —**se + *adj.*** to become; —**se de acuerdo** to come to an agreement

popularidad *f.* popularity

popularizarse (c) to become popular

por for; by; through; around; on account of; for the sake of; per; — **eso** for that reason; that's why

porque because

porqué *m.* reason; ¿**por qué?** why?

portada title page; cover (*of a magazine*)

portugués, (portuguesa) Portuguese; *adj.* Portuguese

posada inn; *pl.* Mexican Christmas celebration

poseer to possess

posesión *f.* possession

posesivo possessive

posibilidad *f.* possibility, opportunity

posible possible

posición *f.* position

positivo positive

postrado weak, exhausted

potencialidad *f.* potentiality

pozo well

practicante *m.* practitioner

practicar (qu) to practice

práctico practical

precaución *f.* precaution

precio price

preciso precise; necessary

precognición *f.* precognition

predecir to predict

preferencia preference

preferir (ie, i) to prefer

pregunta question; **hacer una** — to ask a question

preguntar to ask

prejuicio prejudice, bias

premio prize

prenda article of clothing

prensa press

preocupación *f.* preoccupation, worry

preocupar(se) to worry

preparación *f.* preparation

preparar to prepare

presencial: testigo presencial eyewitness

presentación *f.* presentation; external appearance

presentar to present; to introduce; —**se** to present oneself; to offer one's services

presente present

presidencia presidency

presidente president; chairperson

preso prisoner, convict, *adj.* imprisoned

prestar to loan; to provide

prevenir to prevent

primaria primary school

primavera spring

primero first

principio beginning; **al** — in the beginning, at first

prioridad *f.* priority

prisa haste; **tener** — to be in a hurry

prisión *f.* prison

prisionero prisoner

prismáticos *m. pl.* field-glasses, binoculars

privado private

privar to deprive

privilegio privilege

probabilidad *f.* probability

probar (ue) to try (out); to prove

problema *m.* problem

procedente proceeding

proceder to proceed

procedimiento procedure

procesión *f.* procession

proceso process; — **amoroso** dating customs, courtship

procurar to try to, to strive to

producción *f.* production; **línea de** — production line

producir (zc) to produce; to cause

productivo productive

producto product

productor(a) producer

profesión *f.* profession

profesional *m. & f.* professional; *adj.* professional

profesor(a) teacher, professor

profeta *m.* prophet

profiláctico preventive

profundidad *f.* depth

programa *m.* program

programador(a) programmer

progresista *m. & f.* progressionist

progreso progress

prohibido prohibited, forbidden

proletario proletarian

prolongar (gu) to prolong

pronombre *m.* pronoun

pronto soon, quickly; **de —** suddenly

pronunciar to pronounce

propaganda propaganda; publicity

propio (one's) own

proponer to propose

propósito aim; purpose

prosperidad *f.* prosperity

próspero prosperous, successful

protagonista *m. & f.* protagonist, hero (*in movie, novel, etc.*)

protección *f.* protection

protector *m.* protector, defender, guardian

proteger (j) to protect

protesta protest

prototipo prototype

proveniente coming

provenir to come (from), to originate

provincia province

provocar (qu) to provoke

próximo next; near, neighboring

proyecto project

prudencia prudence, moderation

prudente prudent, cautious, wise

prueba test; **— de esfuerzo** stress test

psicoanálisis *f.* psychoanalysis

psicoanalista *m. & f.* psychoanalyst

psicokinética psychokinesis

psicología psychology

psicológico psychological

psicólogo psychologist

psicosis *f.* psychosis

psíquico psychological

publicación *f.* publication

publicar (qu) to publish

publicidad *f.* advertising, publicity

publicista *m.* publicist

público public

pueblo town, city; people (*of a region, nation, culture*)

puerta door

puerto port

puertorriqueño Puerto Rican; *adj.* Puerto Rican

pues well; **— bien** now then

puesto job, position; *p.p.* of **poner** placed, put; **— que** because, since

pulgada inch

pulmón *m.* lung

punto point; **— de vista** point of view; **hasta cierto —** to a certain point

puntuación *f.* punctuation; **signo de —** punctuation mark

puntual punctual

puntualidad *f.* punctuality

puro pure

pureza purity

Q

que who; which; that; **el —** he who; **lo —** what; that which; **más . . . que** more . . . than; **¿qué más da?** so what? **¿para qué?** what for? for what purpose?

quedar to remain, to be left; **no queda más**

remedio que nothing else can be done except; **—se** to remain, to stay

queja complaint

quemar to burn

querer (ie) to want, wish; to love; **— decir** to mean

querido dear; loved

quien who, whom; **¿quién?** who? whom? **¿de quién?** whose?

quilito *dim.* of **kilo**

químico chemist, *adj.* chemical

quince fifteen

quinientos, (quinientas) five hundred

quinto fifth

quitar to remove, take away; **—se** to take off

quizá(s) perhaps, maybe

R

rabino rabbi

racional rational

raíz (*pl.* raíces) *f.* root

raído worn out; frayed, threadbare

rama branch, sprig

rancho ranch

rapidez *f.* speed, rapidity

rápido fast, rapid; *adv.* rapidly, quickly

raro rare, strange

rasgo trait, feature

rato short time; **al poco —** presently, soon

raza race; **crisol de las razas** melting pot

razón *f.* reason; **tener —** to be right

razonar to reason

reacción *f.* reaction

reaccionar to react

real real; royal

realidad *f.* reality; **en —** actually, in fact

realista realistic

realización *f.* realization, fulfillment

realizar (c) to realize, to fulfill

realmente really, truly

reaparecer (zc) to reappear

rebelde rebellious

recepcionista *m. & f.* receptionist

receta recipe

recibir to receive

recién recently, just

reciente recent

recoger (j) to gather (up), pick up

recomendación *f.* recommendation

reconocer (zc) to recognize; to acknowledge

recordar (ue) to remember; to recall

recortar to cut out

recreo recreation, amusement; **parque de —** recreation park

recuerdo memory, remembrance

recuperar . to recuperate, recover, regain, recapture

recursos *m. pl.* resources

rechazar (c) to reject

redacción *f.* editorial office

reducir (zc) to reduce

referir(se) (ie, i) (a) to refer (to)

reflejar to reflect

reflejo reflection

reflexivo reflexive

refrán *m.* proverb, saying

regalar to give (a gift)

regalo gift, present; **— de Navidad** Christmas present

regeneración *f.* regeneration

régimen *m.* diet

registrar to register

registro register, registry

regla rule; **— de oro** Golden Rule

regresar to return

reír(se) (i, i) (de) to laugh (at)

reina queen

reintegrarse to be reintegrated

rejuvenecimiento rejuvenation

relación *f.* relation; relationship

relacionar to relate; **—se** to be related

relatar to relate, narrate, report

relativamente relatively

religioso religious

reloj *m.* watch; clock

remache *m.* rivet

remangado tucked up, turned up

remedio remedy, cure; **no hay más — que** nothing else can be done except

remendar (ie) to patch, to mend

remitir to send

remolcar (qu) to tow

remoto remote, far off

renacimiento rebirth

rendir (i, i) to render, deliver

renovar (ue) to renovate, renew, reform

repente: de repente suddenly

repetir (i, i) to repeat

reponer to replace

reportero reporter

representación *f.* representation; performance

representar to represent

representante *m.* representative

representativo representative

reproducción *f.* reproduction

reputación *f.* reputation, fame, repute

requerir (ie, i) to require

requisito requisite, requirement

resentimiento resentment, grudge

reserva reservation

reservado reserved, reticent

reservar to reserve

residencial residential

residir to reside, live

residente *m.* resident

resignación *f.* resignation

resignarse to resign oneself

resistente resistent

resolver (ue) to solve, resolve

respecto respect; **con — a** with respect to, with regard to

respetar to respect

respeto respect

respirar to breathe

responder to answer, respond

responsabilidad *f.* responsibility

responsable responsible

respuesta answer, response

restaurante *m.* restaurant

resto rest, remainder; *pl.* remains

resultado result, consequence

resultar to result; to be

resumen *m.* summary; **en —** in short; summing up

retener to retain, keep, preserve

retirarse to withdraw, retreat; to retire

retorno return

retrato portrait, picture

reunión *f.* meeting

reunirse to get together, meet, assemble

revelar to reveal

revisión *f.* revision, revisal

revista magazine

revolución *f.* revolution

revolucionario revolutionary

rey *m.* king

rico rich person; *adj.* rich, wealthy; delicious (*of food*)

ridículo ridiculous
riesgo risk
río river
riqueza wealth, riches
risa laughter
rito rite, ceremony
robar to steal, rob
rodaja disk; slice
rodar to film, to shoot a scene
rodear to surround
rogar (ue) (gu) to plead, beg
rojizo reddish
rojo red; **Cruz Roja** Red Cross
Roma Rome
romántico romantic
romper(se) to break
ropa clothes
rostro face
roto *p.p.* of **romper** broken
rubí *m.* ruby
rubio blond(e)
rueda wheel
ruido noise
ruptura rupture, break
ruina ruin
ruso Russian; *adj.* Russian

S

sábado Saturday
saber to know; to know how, be able
sabor *m.* taste, flavor; pleasure, zest
sacar (qu) to take out, pull out; — **fotos** to take pictures; — **la lengua** to stick out one's tongue
sádico sadist; *adj.* sadistic
sagrado holy, sacred; **Sagradas Escrituras** Holy Scriptures
sal *f.* salt
salario salary
Salomón Solomon
salón *m.* large hall
salida exit, departure
salir to go out; to leave; to come out; — **bien** to come out well; to receive a good grade
salsa sauce; — **tártara** tartar sauce
saltar to jump, leap
salteño person from Salta (*province and city in northwest Argentina*)
salud *f.* health
saludar to greet
saludo greeting
salvador(a) rescuer
salvar to save
salvavidas *m. & f.* lifeguard
san *see* **santo**
sangrar to bleed
sangre *f.* blood
sano healthy; — **y salvo** safe and sound
santo saint; **día del** — saint's day; **el** — **patrón** patron saint
se (to) him, her, it, you, them; yourself, himself, herself, oneself, yourselves, themselves; one
seco dry
secretario secretary
secreto secret; *adj.* secret
secuencia sequence
secundario secondary
seguida: en seguida immediately
seguimiento pursuit, chase
seguir (i, i) to follow; to continue, go on
según according to
segundo second
seguramente certainly, surely
seguro insurance; *adj.* sure, certain
seis six
selección *f.* selection
seleccionar to select, choose
selva forest, woods; jungle
selvático sylvan; wild, rustic
sello stamp
semana week
semejanza similarity
sencillez *f.* simplicity, easiness
sencillo simple, easy
sensibilidad *f.* sensitivity
sensible sensitive
sensualidad *f.* sensuality
sentarse (ie) to sit down
sentido sense; — **común** common sense
sentimentalismo sentimentalism, sentimentality
sentimiento feeling, sentiment
sentir (ie, i) to feel; to regret; —**se** to feel
señal *f.* signal, sign
señor *m.* Mr.; gentleman; **Señor** Lord
señora *f.* Mrs.; woman
señorita *f.* Miss; young woman
separar to separate
ser *m.* being; — **humano** human being; to be; **llegar a** — to become
serie *f.* series
serio serious; **en** — seriously
serpiente *f.* serpent, snake
servicio service; **estación de** — service station, gas station; **hoja de servicios** service record
servicial obliging, accommodating
servilleta napkin
servir (i, i) to serve; to be of use; — **de** to serve as; **¿en qué puedo servirle?** may I help you?
sesión *f.* session
setenta seventy
seudónimo pseudonym, pen name
Sevilla Seville (*city in southern Spain*)
sexo sex
si if; whether

sí yes; certainly, indeed; *pron.* oneself, yourself, himself, herself, themselves; **— mismo** oneself, etc.

siempre always

siesta siesta, nap

siete seven

siglo century

significado meaning, significance

significar (qu) to mean, signify

signo sign; **— de puntuación** punctuation mark

siguiente following, next

silbido whistle

silencio silence

silencioso silent

simbiosis *f.* symbiosis

simbolizar (c) to symbolize

símbolo symbol

similaridad *f.* similarity

simio *m.* ape

simpático pleasant, nice

sin without; **— embargo** however, nevertheless

sincero sincere

sindicato (trade) union

singular singular, unique

sino but

siquiera even; **ni —** not even

sistema *m.* system

sistemático systematic

situación *f.* situation

situar to situate

sobrar to remain, to have to spare

sobre *m.* envelope; *prep.* on; above; about; **— todo** especially, above all

sobrehumano superhuman

sobrepasar to surpass

sobrevolar (ue) to fly over

sobrina niece

sobrino nephew

socializado socialized

sociedad *f.* society

socioeconómico socioeconomic

sociólogo sociologist

sociopolítico sociopolitical

socorro aid, assistance, help

sofisticado sophisticated

sol *m.* sun, sunlight

solamente only

soldado soldier

soledad *f.* solitude

soler (ue) to be in the habit of

solicitar to solicit, to ask for

solicitud *f.* application

solidaridad *f.* solidarity

solidez *f.* solidity, firmness, strength

solitario solitary, isolated

solo alone, single, only

sólo only; just

solomillo steak

soltero unmarried person; *adj.* single, unmarried

solterón(a) unmarried person; old bachelor; old maid

solución *f.* solution

sombrero hat

sombrilla parasol

sonreír (i,i) to smile

sonrisa smile

soñar (ue) to dream

sordo deaf

sorprendente surprising

sorprender to surprise

sorpresa surprise

su your, his, her, its, their

subconsciencia subconscious

subir to go up, **— a** to get

suceder to take place, to happen

sucesión *f.* succession, series

sudafricano South African; *adj.* South African

Suecia Sweden

sueldo salary

suelo floor; ground

suero serum

suerte *f.* luck; **tener —** to be lucky

suficiente sufficient, enough

sufrimiento suffering

sufrir to suffer; to undergo

sugerencia suggestion

sugerir (ie, i) to suggest

sugestivo suggestive

suizo Swiss; *adj.* Swiss

suicidarse to commit suicide

sujeto subject

sumir to depress, overwhelm

sumo highest, greatest

superar to surpass

superhombre *m.* superman

superioridad *f.* superiority

superlujo: de superlujo superluxurious

supermercado supermarket

supermujer *f.* superwoman

supervivencia survival

suplicar (qu) to beg, request

suponer to suppose, assume

supuesto: por supuesto of course

sur *m.* south

suramericano South American; *adj.* South American

surgir (j) to appear, to arise

suroeste *m.* southwest

suspender to fail (*an exam*)

sutil subtle

suyo his, hers, theirs, yours, one's; his own, her own, its own, one's own, their own, your own

T

tabla table (*list*)

tacañería stinginess

tacaño stingy

tácito   tacit, silent, inferred, implied

tal   such (a); **— vez** perhaps; **¿qué tal?**   how are you?

talento   talent, ability

talentoso   talented, able

tamaño   size

también   also, too

tampoco   neither, not either

tan   so; **tan . . . como**   as . . . as

tanto   so much; as much; *pl.* as many; **— como**   as much as; **— . . . como** both . . . and

tarde *f.* afternoon; *adv.* late; **más —**   later

tarea   homework, assignment, task

tarjeta   card; **— de registro** registration card

tártaro: salsa tártara tartar sauce

taxista *m. & f.*   taxi driver

te   you; to you; yourself

teatral   theatrical, of the theater

teatro   theater

técnica   technique

técnico   technical

tecnología   technology

tejano   Texan; *adj.* Texan

Tejas *m.*   Texas

tejido   fabric, cloth, textile; tissue; **— vaquero**   denim

tela   fabric, cloth

telefonista *m. & f.* telephone operator

teléfono   telephone

telepatía   telepathy

tema *m.*   topic, subject; theme

temer   to fear

temeroso   timid, fearful

temor *m.*   fear

temperamento   temperament

temporal   temporary

temprano   early

tender (ie)   to tend

tener (ie)   to have; **— . . . años**   to be . . . years old;

— derecho (a)   to have the right (to); **— frío**   to be cold; **— ganas (de)**   to feel like; **— hambre**   to be hungry; **— miedo**   to be afraid; **— prisa**   to be in a hurry; **— que +** *inf.* to have to; **— suerte**   to be lucky

tenis *m.*   tennis; **pista de —**   tennis court

teoría   theory

teórico *m.*   theoretician; *adj.* theoretical

terapia   therapy

tercero   third

terminación *f.*   ending, completion

terminar   to finish, end

término   term, word, expression

terraza   terrace

terreno   land; terrain

terrorismo   terrorism

tertulia   social gathering for conversation

testamento   last will, testament

testarudo   obstinate, stubborn

testigo   witness; **— presencial**   eyewitness

texto   text

ti   you

tiburón *m.*   shark

tiempo   time, weather; **a —** on time; **al mismo —**   at the same time

tienda   store, shop; **— de antigüedades**   antique shop

tierno   tender

tierra   land; earth; ground

tijeras *f. pl.*   scissors

tímido   shy, timid

típico   typical

tipo   type, kind

tira   strip; **tiritas cómicas** comic strips

tirante *m.*   strap, suspender

titulado   titled

título   title

toalla   towel

tocar (qu)   to touch; to play (a musical instrument)

todavía   still, yet; **— no** not yet

todo   all, every; everything; **— el mundo**   everyone; *pl.* all; every; everyone; **por todas partes** everywhere; **sobre —** especially, above all

tolerar   to tolerate

tomar   to take; to drink; to eat

tono   tone

tonto   stupid, silly, foolish

tópico   current and reiterated theme of discussion

toque *m.*   touch

torero   bullfighter

toro   bull; **corrida de toros** bullfight

torre *f.*   tower

tortuga   tortoise, turtle

tos   cough; **— ferina** whooping cough

tosco   rough, coarse

trabajador(a)   worker; *adj.* hard-working

trabajar   to work

trabajo   work

tradición *f.*   tradition

tradicional   traditional

traducción *f.*   translation

traducir (zc)   to translate

traer   to bring

tráfico   traffic

tragedia   tragedy

tranquilidad *f.*   quiet, tranquillity

tranquilo   calm, tranquil, peaceful

transigir (j)   to compromise, to come to an understanding

transmitir   to transmit

trapo   rag

tras   after

traspasar   to cross

tratar (de)   to try; to treat

través: a través de
through, across
treinta thirty
tremendo tremendous
tres three
tribu f. tribe
tripulación f. crew
triste sad
triunfo triumph
truco trick
trucha trout
tu your
tú you
tumba tomb
túnica tunic
turismo tourism
turista m. & f. tourist
turístico adj. tourist
tuteo use of familiar **tú** in
addressing a person
tuyo yours

U

u or
último last, latest; **por —**
lastly, finally
único only; unique
unidad f. unity
unido united, joined;
Estados Unidos United
States
uniforme uniform
unir to unite
unisexo unisex
universalidad f.
universality
universidad f. university
universo universe
un(a) a, an; **unos, (unas)**
some; about
uno one
urbano urban
**URSS: Unión de Repúblicas
Socialistas Soviéticas**
USSR, Union of Soviet
Socialist Republics
usar to use; to wear
uso use
útil useful
utilizar (c) to use, utilize
uva grape

V

vacación f. (usually
plural) vacation; **de
vacaciones** on vacation
valer to be worth; **— la
pena** to be worth the
trouble; **más vale** it is
better
valiente brave,
courageous
valioso valuable,
esteemed
valor m. value
vanidad f. vanity
vano vain
vaquero cowboy; **pantalón
—** jeans; **tejido —**
denim
variación f. variation
variar to vary
variedad f. variety
varios various; several
varita dim. of **vara** wand
vaso glass
vasto vast, huge
vecino neighbor
vehículo vehicle
veinte twenty
veintinueve twenty-nine
veintiuno twenty-one
velo veil, curtain
velocidad f. speed,
velocity
vencer (z) to conquer,
defeat
vendedor(a) salesperson
vender to sell
venir (ie) to come
venta sale
ventaja advantage
ventana window
ventilar to ventilate
ver to see; to look at
veraneo summer
holiday(s); **lugar de —**
summer resort
verano summer
veras f. pl. truth, reality;
de — really
verbo verb
verdad f. truth; **¿verdad?**

right? isn't it? don't you?
etc.; **de —** really
verdadero true, real
verde green
verdoso greenish
verso verse; line of poetry
vestido dress, garment;
p.p. of **vestir** dressed; **—
de** dressed in; dressed
as
vestir(se) to dress
vez f. (pl. **veces**) time;
occasion; **de — en cuando**
from time to time; **en — de**
instead of; **tal —**
perhaps; **una —** once; **a
veces** at times; **muchas
veces** often
vía way, route
viajar to travel
viaje m. trip
viajero traveler
víctima victim (male or
female)
vida life
viejo old person; adj. old
viernes m. Friday
vigilar to watch (over),
keep guard
vinagre m. vinegar
vino wine
violencia violence
violento violent
virtud f. virtue
visita visit
visitante m. & f. visitor
visitar to visit
vista view; sight; **punto de
—** point of view
visualizar (c) to visualize
vitalidad f. vitality
vivienda lodging
viviente animated; living
vivir to live
vivo alive, living
vocabulario vocabulary
**volador: objeto volador no
identificado (OVNI)**
unidentified flying object
(UFO); **platillo —** flying
saucer

volante flying; **platillo —** flying saucer

volar (ue) to fly

volumen *m.* volume

voluntad *f.* will

voluntario voluntary

volver (ue) to return; **— a** + *inf.* to . . . again; **—se** to become; to turn around

voraz voracious

vos you

voseo *m.* *use of* **vos** *in addressing a person*

vosotros, -as you

votar to vote

voto vote

voz *f.* (*pl.* **voces**) voice; **en — alta** out loud

vuelo flight

vuelta turn; **dar vueltas** to walk to and fro, to fuss about

vuestro your

Y

y and

ya now; already; **— no** no longer

yema yolk of an egg

yo I

Z

zanahoria carrot

zapato shoe

zar *m.* czar, tsar